Mosaik

bei GOLDMANN

Buch

Der Traum von der ewigen Jugend ist zum Greifen nah! Die Anti-Aging-Forschung macht es möglich, dass jeder sein biologisches Alter selbst bestimmen und beeinflussen kann. Wie das geht, erklären die beiden Bestseller-Autoren und ehemaligen Leistungssportler kompetent und spannend. So erhalten wir ungewöhnliche Tipps und Anleitungen sowie revolutionäre Erkenntnisse aus Altersforschung, Medizin und Ernährungswissenschaft. Korrigieren Sie falsche Vorstellungen, und lernen Sie die Kunst, länger zu leben!

»Da man weiß, dass bei den beiden Autoren Selbsterfahrung und medizinisches Wissen zusammenkommen, ist man gerne bereit, ihnen auf dem aufgezeigten Weg zu folgen.«
Fuldaer Zeitung

Autoren

Prof. Dr. Peter Axt, geboren 1939, ist Gesundheitswissenschaftler, Autor, Berater von Führungskräften und Hochleistungssportlern sowie ehemaliges Mitglied der Nationalmannschaft des Deutschen Leichtathletik-Verbandes.
Dr. Michaela Axt-Gadermann, Jahrgang 1967, ist Ärztin, Medizinjournalistin und Autorin zahlreicher Artikel in Fach- und Publikumszeitschriften.

Von Prof. Dr. Peter Axt und Dr. Michaela Axt-Gadermann
außerdem bei Mosaik bei Goldmann:

Bleib doch einfach jung (16444)
Vom Glück der Faulheit (16445)
Die Stufendiät (16446)

Prof. Dr. Peter Axt
Dr. Michaela Axt-Gadermann

Die Kunst, länger zu leben

Jugend ist keine Frage des Alters

Mosaik
bei GOLDMANN

Mehr Informationen zum Thema »Jung bleiben und länger leben« finden Sie auch im Internet unter www.bleibjung.de. Die Seiten werden ständig aktualisiert, damit Sie immer auf dem neuesten Stand sein können.

Die Informationen, Tipps und Hinweise in diesem Buch sind von den Autoren nach bestem Wissen und Gewissen zusammengestellt und geprüft worden. Sie ersetzen aber bei bestehenden Beschwerden nicht die Konsultation eines Arztes oder eine anderweitige medizinische Betreuung.

Umwelthinweis:
Alle bedruckten Materialien dieses Taschenbuches
sind chlorfrei und umweltschonend.

2. Auflage
Vollständige Taschenbuchausgabe März 2004
Wilhelm Goldmann Verlag, München,
ein Unternehmen der Verlagsgruppe Random House GmbH

Umschlaggestaltung: Design Team München
Umschlagfoto: Premium, Minden
Satz: Uhl + Massopust, Aalen
Druck: GGP Media GmbH, Pößneck
Verlagsnummer: 16577
Kö/Schl · Herstellung: Ina Hochbach
Printed in Germany
ISBN 3-442-16577-6
www.goldmann-verlag.de

INHALT

EINLEITUNG 11

Wie Sie den größten Nutzen
aus unserem Buch ziehen 12

1. KAPITEL:
Wer alt werden will, muss jung bleiben 13

Jugend ist keine Frage des Alters 15
Fit mit 120 –
die Bedingungen waren nie besser 17
Von Alten und Superalten 19
Ruhestand unbekannt 20

2. KAPITEL:
**Dem lieben Gott ins Programm geschaut –
die Alternstheorien** 23

Die Scheuklappen der Alternsforscher 25
Die Lebensenergietheorie 26
Mit Müßiggang zum langen Leben 26
Faule Bienen leben länger 27
Energieräuber sind überall 27
Uralt durch Gelassenheit 28
Lebensenergietheorie – die Mutter aller Alternstheorien 28

Die Radikalentheorie 29
Wenn der Körper »rostet« 29
Wie aggressive Singles Paare auseinander bringen 30
Warum der körpereigene Schutzwall zusammenbricht 31
Die Telomertheorie 32
Zündschnüre des Lebens 32
Klonschaf Dolly sieht »alt« aus 32
Zelltod – Programm oder Verschleiß? 33
Die Glykosilierungstheorie 34
Verzuckerung des Körpers als Alterungsfaktor 34
Süße Sünden machen alt 34
Die Immuntheorie 35
Versagen der körpereigenen Abwehrarmee 35
So altern die Abwehrkräfte 36
Der Lebensstil bestimmt die Abwehrkraft 37
Die Hormontheorie 37
Löcher im hormonellen Netz 37
Verschiedene Theorien über das Altern –
ein gemeinsamer Nenner 39
Das Geheimnis der 100-Jährigen 40

3. KAPITEL:
Die Kunst der optimalen Bewegung 43

No sports 45
Sport schadet den grauen Zellen 46
Läufer – fit, aber nicht immer gesund 47
Immunschwäche durch sportlichen Ehrgeiz 48
Spazieren gehen reicht aus – sagen die Wissenschaftler . 49
Moderate Bewegung aktiviert Schutzmechanismen 50

Die Bewegungsregeln für ein langes Leben 51
Die drei wichtigsten Tipps
für die »Langlebigkeits-Bewegung« 53

4. KAPITEL:
Die Kunst der richtigen Entspannung 55

Das Märchen vom guten und schlechten Stress 57
Lachse sterben den Stresstod 58
Stresshormone machen dumm 60
Stress lässt Blut verfetten 61
Entspannung managt den Hormonspiegel 63
Optimismus verlängert das Leben 64
Mantras und Rosenkranzbeten
bekommen Herz und Seele 65
Zufriedene Nonnen leben länger 66
Oscarpreisträger müsste man sein 67
Freunde sind der beste Jungbrunnen 67
Die Empfehlungen für die richtige Entspannung 68
Ruheinseln im Alltag 69
Blauer Teppich gegen den cholerischen Chef 70
Die Musik für Ihr Wohlbefinden 71
Aromatologie – mit Düften die Stimmung beeinflussen . 73
Entspannung aus der Wanne 74
Energiequelle Mittagsschlaf 75
Schlafen Sie sich schlau 76
Die fünf wichtigsten Tipps
für die »Langlebigkeits-Entspannung« 78

5. KAPITEL:
Die Kunst der richtigen Ernährung 81

Mit dem richtigen »Treibstoff« die
100-Jahre-Schallmauer durchbrechen 83
Das Ernährungsgeheimnis von Okinawa 83
Apfel oder Birne? 84
Die sechs Regeln der Langlebigkeits-Ernährung 85
1. Regel: Weniger essen – länger leben 87
Mit Kalorien sparsam umgehen 88
Abendessen streichen – jünger werden 89
Fasten für die Fitness 89
2. Regel: Verzuckern Sie nicht 91
3. Regel: Obst und Gemüse bevorzugen 93
Aus dem Schattendasein zum Superstar –
die sekundären Pflanzenstoffe 95
Die sekundären Pflanzenstoffe im Überblick 96
Ernährungsempfehlungen für sekundäre Pflanzenstoffe 99
Möhren statt Schinken? 100
4. Regel: Jedes Nahrungsmittel hat seine Tageszeit 101
5. Regel: Drei statt fünf Mahlzeiten halten jung 103
6. Regel: Mit Mikronährstoffen gegen Versorgungslücken 104
Wichtige Mikronährstoffe und ihre
Wirkungen für Gesundheit und Langlebigkeit 105
Vitamin A für die Schönheit 105
Carotinoide – natürliche sind am besten 106
Vitamin C – sauer macht gesund 107
Vitamin E – Alternsschutz aus Ölen 108
Folsäure, Vitamin B_{12}, Vitamin B_6 –
das Trio für Herz und Gefäße 108
Selen – das Krebsschutzelement ist in
Deutschland Mangelware 109

Zink – Tausendsassa gegen Zellalterung 110
Kalzium – macht schlank und stärkt die Knochen 110
Magnesium – hartes Wasser, weiche Gefäße 111
Anti-Aging-Basisbedarf 112
Die sechs wichtigsten Tipps für die
»Langlebigkeits-Ernährung« 113

6. KAPITEL:
Die Kunst, den Hormonspiegel
auf natürliche Weise zu managen 117

Hormonkonzert mit einem alt machenden Duo
und einem verjüngenden Quintett 119
Hormonelle Disharmonien müssen nicht sein 120
Kann man den Hormonspiegel sehen? 121
Östrogene – Hormone für Haut, Haare und gute Laune . 122
Männer brauchen Frauenhormone 123
Phytohormone – die pflanzliche Alternative zur
Östrogentherapie 125
Testosteronmangel bringt Männer in die Wechseljahre . 128
Männliche Hormone machen Frauen glücklich 129
So können Sie den körpereigenen
Testosteronspiegel beeinflussen! 130
Sport und Lakritze machen starke Männer schwach 132
Dehydroepiandrosteron – die Mutter der Hormone 133
Stress-Schutz und Wellnesshormon 135
So können Sie den körpereigenen DHEA-Spiegel
beeinflussen! 135
Wachstumshormone – der Stoff, der kleine
Kinder wachsen lässt, verjüngt auch alte Männer 136

So können Sie den körpereigenen Wachstumshormonspiegel beeinflussen! 138
Melatonin – Schlafhormon und Alternsbremse 140
So können Sie den körpereigenen Melatoninspiegel beeinflussen! 142
Die Anti-Aging-Hormone im Überblick 143
Die vier wichtigsten Tipps für die »Langlebigkeits-Hormone« 148

7. KAPITEL:
Testen Sie Ihr biologisches Alter 151

Verlassen Sie sich nicht auf das Alter in Ihrem Ausweis . 153
Hautspannungstest 154
Lungenvolumentest 156
Gedächtnistest 157
Beweglichkeitstest 159
Gleichgewichtstest 160
Reaktionstest 162
Herz-Kreislauf-Test 163
Sehtest 165

ANHANG 167

Anhang 1: *Der Body-Mass-Index* 169
Anhang 2: *Ernährungsvorschläge zur Fastenwoche* 171
Anhang 3: *Das Muskeldehnungsprogramm* 173
Anhang 4: *Wichtige Anti-Aging-Adressen* 177
Literatur 179
Register 190

EINLEITUNG

Nach Erscheinen unseres Buches »Vom Glück der Faulheit« haben wir zahlreiche Leserbriefe erhalten und mit Lesern, Medizinern und Journalisten über unsere Thesen diskutiert. Viele stimmten unseren Aussagen zum Thema »Langlebigkeit« zu. Meist waren es relativ alte, aber noch sehr fitte Menschen, die uns schrieben, sie hätten – ohne unsere Empfehlungen zu kennen – nach dem von uns empfohlenen Prinzip gelebt und würden ihre Fitness auf diese Lebensweise zurückführen. Einige waren skeptisch. Sie hielten unsere Lebensenergietheorie für eine unzulässige Vereinfachung des sehr komplexen Alterungsvorgangs und glaubten, dass unsere Aussagen den herkömmlichen Alternstheorien (Telomertheorie, Verschleißtheorie, Radikalentheorie u. a.) widersprechen würden. Wieder andere fragten an, ob wir ihnen nicht noch weitergehende praktische Tipps und Ratschläge für einen Anti-Aging-Lebensstil geben könnten. Im vorliegenden Buch beantworten wir diese Fragen. Wir stellen neben der bereits erwähnten Lebensenergietheorie auch die anderen bekannten Alternstheorien vor und zeigen auf, dass die verschiedenen Alternstheorien das Problem des Alterns nur aus unterschiedlichen Blickwinkeln betrachten. Die Konsequenzen, die sich für Ihren Lebensstil daraus ergeben, sind aber ähnlich.

Außerdem informieren wir Sie in diesem Buch über die neuesten Erkenntnisse der Anti-Aging-Medizin und geben Ihnen praktische Hinweise, wie Sie den besten Nutzen für Gesundheit, langes Leben und Jugendlichkeit aus diesem Wissen ziehen können.

Peter Axt und Michaela Axt-Gadermann

Wie Sie den größten Nutzen aus unserem Buch ziehen

1. Dieses Buch ist ein Ratgeber und eine Hilfe zur Realisierung Ihres Wunsches nach Gesundheit, Fitness und einem langen Leben. Wir informieren Sie über neue und erstaunliche Möglichkeiten, Ihren Lebensstil auf »Langlebigkeit« zu programmieren. Sie werden dabei sehr schnell feststellen, dass die besten und effektivsten Methoden solche sind, die oft wenig Geld kosten.
2. Zum Verständnis unseres Langlebigkeits-Konzeptes ist es notwendig, das zweite Kapitel besonders aufmerksam zu lesen. Wir stellen in diesem Kapitel die unterschiedlichen Alternstheorien vor. Wie Sie diese Theorien in die Praxis umsetzen können, erklären wir Ihnen in den folgenden Kapiteln.
3. Von unseren Vorschlägen können Sie am meisten profitieren, wenn Sie unsere Empfehlungen in Ihren Alltagslebensstil einbauen. Der neue Anti-Aging-Lebensstil sollte Ihnen, wie Zähneputzen, zur täglichen Gewohnheit werden.

1. KAPITEL

In diesem Kapitel erfahren Sie,

- wie alt Menschen werden können
- weshalb Alter nicht vor Leistung schützt
- wie man auch mit 90 noch »jung« sein kann
- warum Jugend keine Frage des Alters ist

Wer alt werden will, muss jung bleiben

»Alle wollen länger leben,
aber niemand will alt werden.«
Jonathan Swift

Jugend ist keine Frage des Alters

Das Anti-Aging-Portal *www.bleibjung.de* fragte im Januar 2002 seine Besucher: Möchten Sie 100 Jahre alt werden? Das Ergebnis war erstaunlich: Von fast 400 Befragten streben demnach 72 Prozent ein »biblisches« Alter an, nur 28 Prozent möchten nicht so alt werden. Diese Internetbefragung ist sicherlich nicht repräsentativ für die Gesamtbevölkerung, denn diese Seite wird vor allem von Menschen besucht, die sich für das Thema Anti-Aging interessieren. Dennoch kam auch das Marplan-Meinungsforschungsinstitut zu einem ähnlichen Ergebnis: Es stellte vor einiger Zeit in einer Repräsentativumfrage unter leitenden Angestellten fest, dass jeder Vierte 100 Jahre alt werden möchte und fast die Hälfte aller Befragten jenseits des 85. Geburtstags gerne noch leben würden.

In eine andere Richtung weist allerdings das Umfrageergebnis des Forsa-Institutes aus einer Befragung im August 2001. Die Frage »Wollen Sie 100 Jahre alt werden?«, bejahten hier lediglich zwölf Prozent. Bei den Interviewten über 60 Jahre waren es sogar nur sieben Prozent (»Medical Tribune«, 36. Jg., Nr. 42, 19. 10. 2001, S. 17).

Wie lassen sich diese unterschiedlichen Ergebnisse erklären? Möglicherweise haben die Befragten unterschiedliche Vorstellungen vom Altern. Die einen betrachten das Alter als eine Phase von Krankheiten und Gebrechen, während die anderen davon ausgehen, dass sie diese Lebenszeit aktiv und bei bester Gesundheit verbringen werden.

Schon in der antiken Mythologie ist das Auftreten von Krankheiten und Gebrechen zwangsläufig mit dem Alter verbunden. Die Sphinx, ein Untier aus Mensch und Löwe, lauerte vor den Toren Thebens und fragte alle vorbeikommenden Männer: »Was ist das für ein Wesen: Morgens läuft es auf vier Beinen, mittags auf zwei und abends auf drei Beinen?« Wer die Lösung nicht wusste, wurde von den Pranken der Sphinx erbarmungslos zerrissen. Als Ödipus auf seinen Wanderungen nach Theben kam, wurde ihm das gleiche Rätsel gestellt. Ödipus dachte nicht lange nach und antwortete: »Dein Rätselwesen ist der Mensch. In der Kindheit krabbelt er auf allen vieren, als Erwachsener geht er aufrecht und im Alter braucht er einen Stock als Gehhilfe.« Die Antwort war richtig. Vor Scham und Verzweiflung stürzte sich die Sphinx vom Felsen in den Abgrund.

Heute wissen wir, dass das Leben eines Menschen nicht zwangsläufig in diesen drei Phasen verlaufen muss. Bei einer entsprechenden Lebensweise sind viele Menschen im Alter nicht »auf den Stock angewiesen«.

Doch vergessen Sie auch nicht die Maxime der Gerontologin Ursula Lehr: »Es kommt nicht darauf an, *wie* alt wir werden, sondern darauf, *wie* wir alt werden.« Denn wer alt werden möchte, muss sich bemühen, jung zu bleiben. Dies vergessen nicht nur die modernen Menschen unserer Zeit. Schon im Altertum gab es deshalb ein »böses Erwachen«. So soll die griechische Göttin Aurora den Göttervater Zeus gebeten haben, ihren Ehemann Tithonos unsterblich zu machen. Der Wunsch wurde ihr erfüllt. Fatalerweise vergaß sie aber, sich auch ewige Jugend für ihren Gatten zu wünschen. Tithonos starb zwar nicht, alterte aber ewig und musste Altersbeschwerden und Gebrechen ertragen, bis er sich schließlich selbst den Tod wünschte.

Fit mit 120 – die Bedingungen waren nie besser

Langes Leben und ewige Jugend – dieser Traum ist so alt wie die Menschheit. Vor 3000 Jahren verordnete sich König Salomon Jungfrauen als Elixier für langes Leben. Der Erfolg war eher bescheiden: Der König wurde nur 40 Jahre alt. Eselsmilch war Kleopatras Rezept für schöne Haut. Die Chinesen experimentierten vor 2000 Jahren mit allerlei Drogen und Rauschmitteln, um daraus ein Gebräu für die ewige Jugend zu extrahieren. Und noch heute ist der Jungbrunnen, gemalt vor 450 Jahren von Lucas Cranach dem Jüngeren, ein Begriff: Inmitten einer idyllischen Landschaft liegt der »Jungbrunnen«, der einem quadratischen Schwimmbad ähnelt. Auf der einen Seite kommen alte, gebrechliche Frauen teils gestützt, teils mit Pferdewagen an. Sie werden von einem Arzt im roten Umhang inspiziert, durchwaten das Wasser und verlassen auf der anderen Seite die Zauberquelle wieder jung und begehrenswert. Doch die Geschichte hat all diese mehr oder weniger erfolgreichen Versuche, länger jung zu bleiben, überholt. Heute, zu Beginn des 3. Jahrtausends sind die Bedingungen für ein langes Leben besser denn je.

In der Antike lag die durchschnittliche Lebenserwartung noch nicht einmal bei 25 Jahren. Heute überschreiten in Deutschland einige tausend Menschen die »100-Jahre-Grenze«. Zurzeit leben in Deutschland mehr als 60 000 Menschen, die

95 Jahre und älter sind. Die durchschnittliche Lebenserwartung der Frauen in der Bundesrepublik liegt bei knapp 80 Jahren, die Männer werden derzeit etwa 73 Jahre alt. Das ist etwa doppelt so hoch wie noch vor 100 Jahren – Tendenz steigend. Ein neugeborenes Mädchen hatte 1890 in Deutschland eine Lebenserwartung von nur 40 Jahren. 1910 waren es bereits 50 Jahre, 1934 62 Jahre und 1962 schon fast 73 Jahre.

Unter 100000 Einwohnern findet man derzeit in den Industrieländern etwa drei bis vier 100-Jährige oder Ältere. Besonders häufig sind unter den Hochbetagten Frauen. Auf einen 100 Jahre alten Mann kommen etwa vier gleich alte Frauen.

Auch in Deutschland wächst diese Altersgruppe kontinuierlich. Das Bonner Bundespräsidialamt beglückwünscht jeden Bundesbürger, der die 100-Jahre-Grenze überschreitet. 1970 wurde 385 Bürgern gratuliert, 1980 erhielten bereits 1090 Männer und Frauen einen Glückwunschbrief vom Bundespräsidenten, und 1990 konnten 3014 Senioren diese offiziellen Glückwünsche in Empfang nehmen.

Durchschnittliche Lebenserwartung des Menschen in der Vergangenheit

Vorzeit	unter 25 Jahre
Antike	unter 25 Jahre
Deutschland um 1800	etwa 30 Jahre
Deutschland um 1900	unter 50 Jahre
USA um 1900	unter 50 Jahre
Deutschland 1950	unter 70 Jahre
USA 1955	etwa 70 Jahre
USA 1996	79 Jahre
Deutschland 2000	75 Jahre
Schätzung für das Jahr 2050	über 80 Jahre

Von Alten und Superalten

Vitale Hochbetagte faszinieren die Wissenschaft besonders, denn sie scheinen das Geheimnis des langen Lebens bei weitgehender Freiheit von Krankheiten und Beschwerden in sich zu tragen.

So soll Methusalem 969 Jahre alt geworden sein (1. Buch Mose 5,27), sein Sohn immerhin noch 777 Jahre (1. Buch Mose 5,31). Im »Guinness-Buch der Rekorde« ist der Chinese Li Chung Yun mit 256 Jahren aufgeführt. All diese Angaben sind jedoch nicht genau belegt und haben eher anekdotischen Charakter. Einen überprüfbaren Altersrekord stellte erstmals ein 1865 geborener Japaner auf. Er wurde nachweislich 120 Jahre und 273 Tage alt.

Der bisher nachweislich älteste Mensch, dessen Geburtsdatum sicher dokumentiert ist, war die Französin Jeane Calment aus Arles. Sie wurde am 21.2.1875 in Frankreich geboren, feierte im Februar 1997 ihren 122. Geburtstag und verstarb am 4.8. 1997. Sie war bis ins hohe Alter geistig und körperlich fit. Im Alter von 90 Jahren verkaufte sie ihr Haus auf Rentenbasis an einen Notar. Dieser ging von einem baldigen Ableben der hochbetagten Jeane Calment aus und willigte in den Kaufvertrag ein. Monatlich musste er ihr nun bis zu ihrem Lebensende einen bestimmten Betrag überweisen. Calment überlebte den Notar, die Erben mussten noch jahrelang für das kleine Häuschen zahlen. Das Haus war sicher das teuerste Haus, das jemals auf diese Weise den Besitzer gewechselt hat.

In einer weiteren Anekdote wird der Humor der betagten Französin deutlich. Als ein Journalist sie an ihrem 119. Geburtstag beglückwünschte und der Hoffnung Ausdruck gab, sie im nächsten Jahr wieder interviewen zu können, antwortete die Französin: »Warum nicht. Sie scheinen mir ja noch ganz rüstig zu sein.«

Ruhestand unbekannt

Vielleicht kennen Sie das Bild »Dürers Mutter«. Der Maler Albrecht Dürer zeichnete vor etwa 500 Jahren seine damals 62-jährige Mutter. Doch wir erkennen auf diesem Gemälde heute nicht das Bild einer knapp über 60-jährigen Frau, sondern schätzen die abgebildete »Greisin« mindestens zehn bis 15 Jahre älter ein. Das äußere Erscheinungsbild älterer Menschen hat sich in den letzten Jahrhunderten gewandelt. Gleichaltrige sehen heute bedeutend jünger aus und stehen noch mitten im Leben. Sophia Loren ist ein gutes Beispiel dafür. Sie hat bereits 1999 das Rentenalter von 65 Jahren erreicht, sieht aber immer noch attraktiv und jugendlich aus. Auch Udo Jürgens wirkt mit seinen 67 Jahren wesentlich jünger.

Doch nicht nur das Aussehen, auch das Verhalten älterer Menschen hat sich in den letzten Jahren stark gewandelt: Queen Mum, die Mutter der englischen Königin Elisabeth, nahm bis zu ihrem 101. Geburtstag bei körperlicher und geistiger Frische an allen Feierlichkeiten des Hofes teil. Der Astronaut John Glenn umrundete mit 77 Jahren die Erde, und Pablo Picasso malte noch mit über 90 Jahren Bilder, die heute unbezahlbar sind. Auch andere berufliche und große geistige Leistungen scheinen nicht ans Rentenalter gebunden zu sein. Die 100 Jahre alte Fotografin und Filmemacherin Leni Riefenstahl brachte 2002 ihren neuesten Film »Impressionen unter Wasser« in die Kinos. Erst im Alter von 71 Jahren lernte sie Tiefseetauchen und drehte danach mehrere erfolgreiche Unterwasserfilme.

Der mit 101 Jahren verstorbene Jesuitenpater Oswald von Nell-Breuning war noch mit 90 Jahren ein gefragter Vortragsredner. Auch Konrad Adenauer wurde erst mit 73 Jahren Bundeskanzler und übte dieses verantwortungsvolle Amt bis zu seinem 87. Lebensjahr aus. Der amerikanische Regisseur

George Abbott, der im Alter von 107 Jahren verstarb, führte noch Regie bei dem von ihm mitverfassten Musical »Broadway«, das er anlässlich seines 100. Geburtstages aufführte. Zwei Jahre später trat er noch einmal als Bühnenautor und Regisseur in Erscheinung, in »Frankie«, der Musicalversion der Frankenstein-Saga. Und noch im Jahre 1994 (im Alter von 106 Jahren) überarbeitete er das Buch für die Wiederaufführung seines Broadway-Hits von 1955, »Damn Yankees« (FAZ 95).

2. KAPITEL

In diesem Kapitel erfahren Sie,

- wie unterschiedlich man den Alterungsvorgang erklären kann
- warum auch der Mensch »rostet«
- weshalb das Klonschaf Dolly älter ist, als man vermutet
- welche Verhaltensregeln Sie aus den unterschiedlichen Alternstheorien ziehen können

Dem lieben Gott ins Programm geschaut – die Alternstheorien

»Alles, was entsteht,
ist wert, dass es zugrunde geht.«
Goethe, »Faust«

Die Scheuklappen der Alternsforscher

Schon immer wollten die Menschen wissen, warum sie nicht ewig leben. Die Suche nach dem Jungbrunnen beschäftigt seit Jahrhunderten Generationen von Wissenschaftlern. Doch erst im vergangenen Jahrhundert sind die Forscher dem Altern auf die Spur gekommen. Viele auf den ersten Blick sehr unterschiedliche Theorien über die Ursachen des Alterns wurden veröffentlicht und heiß diskutiert. Übersehen wurde dabei im Eifer des Gefechtes, dass die meisten Feststellungen zum Altern den gleichen Vorgang aus unterschiedlichen Perspektiven beschreiben. Jeder Wissenschaftler sieht nur das, was er aufgrund seiner Erfahrungen und bisherigen Studien sehen kann und will.

Ähnlich würde es sich verhalten, wenn man vier Personen um einen Tisch setzen würde, auf dem ein Würfel liegt. Die erste Person besteht darauf, dass der Würfel drei Augen hat. Die zweite sieht einen Würfel mit vier Punkten. Die dritte erwähnt fünf Punkte, die vierte hingegen nimmt nur zwei Punkte wahr. Jeder behauptet nun, seine Wahrnehmung wäre die einzig richtige. Dabei berichten aber alle über das gleiche Phänomen – nämlich einen Würfel mit verschiedenen Seiten –, nur aus unterschiedlichen Blickwinkeln. Bei dieser eingeschränkten Sichtweise bleiben zwangsläufig wichtige andere Aspekte unbeachtet. Auch die Alternsforscher betrachten das Altern oft nur einseitig – jeder Wissenschaftler glaubt, nur seine Theorie wäre die richtige für die Beschreibung der Alterungsvorgänge. Doch all diese Theorien haben sehr wohl einen »gemeinsamen Nenner«, und erst diese Entdeckung ermöglicht es, ein komplettes Lebensprogramm zu entwerfen, mit dem Sie gute Chancen haben, gesund und fit zu bleiben und lange zu leben. Damit Sie den natürlichen Vorgang des Alterns verstehen und mit einer entsprechenden Lebensweise entgegensteuern können, stellen wir Ihnen zunächst die Grundzüge der sich nur scheinbar widersprechenden Theorien vor.

Die Lebensenergietheorie

Mit Müßiggang zum langen Leben

Bei Flugzeugen wird das Alter nach Flugkilometern und nicht nach Jahren berechnet. Techniker wissen, dass die Menge der Flugkilometer mehr über den Zustand des Flugzeugs aussagt als das Baujahr. Auch das Alter anderer technischer Geräte wird mehr von der Beanspruchung als vom Herstellungsdatum bestimmt. Nach der Lebensenergietheorie, die bereits erstmals 1908 von dem Physiologen Max Rubner beschrieben wurde, gilt dieses Prinzip auch für uns Menschen. Jedes Lebewesen startet mit einem fest definierten Energiekonto, das man in Kalorien berechnen kann, ins Leben. Von diesem Konto rufen wir während des ganzen Lebens ständig Energie ab. Früher oder später – je nach Lebensstil – ist das Energiekonto aufgebraucht, und das Leben geht zu Ende. Nach dieser Theorie hängt ein langes und gesundes Leben vor allem davon ab, wie sparsam wir mit unserer Energie umgehen.

Faule Bienen leben länger

Am Beispiel der Bienen lässt sich die Lebensenergietheorie besonders leicht erklären. In verschiedenen Untersuchungen konnte festgestellt werden, dass Arbeitsbienen »Energie« für etwa 600 Kilometer besitzen. Sobald sie diese Strecke auf ihren Flügen zurückgelegt haben, sterben sie. Beobachtungen zeigen, dass die faulsten Bienen, die also sehr viel langsamer ihre »Flugkilometer« aufbrauchen, viel länger leben als die emsigen Bienen, die fleißig den ganzen Tag Honig sammeln. In schlechten, regnerischen Sommermonaten, wenn die Bienen insgesamt weniger ausschwärmen, werden die Arbeitsbienen entsprechend der eingesparten Energie deutlich älter. Ein »Ausbund an Faulheit« ist die Bienenkönigin. Träge und weitgehend untätig sitzt sie in ihrem Bienenstock und lässt sich von den Arbeiterinnen »bedienen«. Ihre Faulheit ermöglicht es ihr, fünf Jahre oder länger zu leben. Die fleißigen Arbeitsbienen hingegen brauchen ihre Lebensenergie durch ihre Emsigkeit innerhalb von drei bis sechs Monaten auf.

Energieräuber sind überall

Der Energieverbrauch ist vor allem abhängig von unserer Lebensweise. Tag für Tag sind wir zahlreichen »Lebensenergieräubern« ausgesetzt. Stress und Ärger, Kälte und Schlafmangel, falsche und übermäßige Ernährung, leistungsorientierter Sport und unangemessenes Fitnesstraining zählen dazu. Der Zusammenhang zwischen Sport und Energieverbrauch ist nahe liegend. Zunächst scheint es aber nicht einleuchtend, dass auch Essen Energie verbrauchen soll. Auf den ersten Blick nimmt man mit der Nahrung ja sogar Energie auf. Doch der Verdauungsvorgang ist »Arbeit« für den Organismus. Deshalb wird ein relativ großer Teil der mit der Nahrung aufgenommenen Kalorien für die Verdauung des Essens benötigt. Auch die Stresshormone Adrenalin und Noradrenalin kurbeln den Stoffwechsel an und erhöhen den Kalorienverbrauch um etwa zehn bis 15 Prozent. Krankheiten wie Schilddrüsenüberfunktion oder chronische Entzündungen müssen ebenfalls zu den »Energieräubern« gezählt werden. Mit anderen Worten: Alle Verhaltensweisen oder Einflüsse, die den Stoffwechsel des Organismus anregen, sind lebensverkürzend.

Uralt durch Gelassenheit

Gelingt es uns, die Stoffwechselrate und damit den Energieverbrauch zu verringern, altern wir langsamer, und es resultiert daraus ein langes und gesundes Leben. Diese Theorie erklärt auch, weshalb kleine Tiere mit einem hochaktiven Stoffwechsel wie etwa der Kolibri oder die Maus nicht sehr lange leben, träge und gemütliche Tiere wie Schildkröten, Krokodile und Elefanten aber uralt werden. Löwen und Eisbären im Zoo leben meist doppelt so lange wie ihre Artgenossen, die sich in freier Wildbahn sehr viel mehr bewegen müssen. Tiere, die den größten Teil des Tages dösend und schlafend verbringen oder Winterschlaf halten, werden älter als sehr aktive Tiere, die mit wenig Schlaf auskommen.

Lebensenergietheorie – die Mutter aller Alternstheorien

Mit der Lebensenergietheorie lässt sich sehr gut die individuelle Geschwindigkeit der Alterungsvorgänge erklären. Sie beschreibt, wie das Altern durch verschiedene äußere Einflüsse und Lebensweise beschleunigt oder verzögert werden kann. Die Lebensenergietheorie gibt aber keine Auskunft über die

Vorgänge, die sich im Inneren des Körpers abspielen und Alterungsprozesse beschleunigen. Erklärungen dazu liefern Wissenschaftler, die sich mit den inneren Vorgängen des Alterns auf unterschiedliche Weise befassen. Sie haben ihre Erkenntnisse in unterschiedlichen Theorien, die als Radikalentheorie, Telomertheorie, Glykosilierungstheorie, Immuntheorie und Hormontheorie bekannt geworden sind, zusammengefasst. Damit Sie verstehen können, warum wir Ihnen ganz bestimmte Verhaltensweisen für ein langes Leben empfehlen, stellen wir Ihnen die anderen Alterungstheorien in ihren Grundzügen vor. Interessant dabei ist, dass die unterschiedlichen wissenschaftlichen Positionen letztendlich zu den gleichen Verhaltensempfehlungen führen.

Die Radikalentheorie

Wenn der Körper »rostet«

Ein Eisenstab, der längere Zeit Wind und Wetter ausgesetzt ist, beginnt bald zu altern, sprich zu rosten. Geschälte Äpfel werden rasch braun und unansehnlich, sobald sie mit Sauerstoff in Berührung kommen – diese Vorgänge werden in der Chemie auch als »Oxidation« bezeichnet. Doch was haben Metall und Obst mit der menschlichen Alterung zu tun? Rosten von Metallteilen und Verfärbung von geschältem Obst werden durch so genannte »freie Radikale« hervorgerufen. Diese entstehen auch täglich in großer Zahl im menschlichen Organismus. Gebildet werden sie unter anderem durch Stoffwechselvorgänge wie Verdauung und Atmung. Nach Ansicht vieler Wissenschaftler sind diese aggressiven Sauerstoffverbindungen eine wichtige Ursache für die Alterung unseres Körpers.

Wie aggressive Singles Paare auseinander bringen

Die aggressiven Sauerstoffverbindungen verhalten sich wie Singles, die in Partnerschaften eindringen und diese auseinander reißen. Stellen Sie sich eine Gruppe von Singles und eine Gruppe Paare vor. Alle Singles haben das Ziel, so schnell wie möglich einen Partner zu finden. Einige davon lernen einen anderen Single kennen, schließen sich mit ihm zu einem Paar zusammen und leben lange Zeit glücklich miteinander. Andere Singles finden unter ihresgleichen aber keinen adäquaten Partner. Sie verhalten sich in diesem Fall relativ skrupellos und nehmen keine Rücksicht auf intakte Beziehungen. Sehr häufig kommt es deshalb vor, dass ein Single ein Paar »auseinander reißt« und damit eine intakte Beziehung »beschädigt«. Der nun Alleinstehende sucht seinerseits wieder einen Partner und reißt ein weiteres Paar auseinander. Diese »Kettenreaktion« endet erst, wenn zwei Singles aufeinander treffen.

Ähnlich verhält es sich auch mit den freien Radikalen. Die aggressiven »Sauerstoffsingles« sind ebenfalls auf Partnersuche und gehen dabei nicht gerade zimperlich vor. Sie zerstören bisher intakte Zellhüllen, greifen Eiweiße an oder verbinden sich mit Bestandteilen des Zellkerns. Dadurch wird der Zusammenhalt der Zellen und Organe gestört, der Organismus altert schneller, wenn die körpereigenen Schutzmechanismen versagen.

Erkrankungen wie Krebs, Herzinfarkt, Gefäßverkalkung, Schlaganfall, Rheuma oder Trübungen der Augenlinse (grauer Star) werden mit der Zerstörungswut der freien Radikale in Verbindung gebracht. Jede Zelle muss täglich mehr als 10 000 »Radikalen-Attacken« abwehren und kann dabei geschädigt oder zerstört werden.

Warum der körpereigene Schutzwall zusammenbricht

Der Körper hat natürliche Schutzmechanismen, um in Alltagssituationen die schädlichen Angriffe der freien Radikale abzufangen. Dies geschieht durch spezielle körpereigene Enzyme (z. B. Glutathionperoxidase, Katalase, Superoxid-Dismutase) oder durch so genannte Antioxidantien, die wir mit der Nahrung aufnehmen. Anstrengende körperliche Belastungen, chronischer Stress und übermäßiges Essen überfordern allerdings dieses Schutzsystem, Schäden sind vorprogrammiert.

Ein Radikalenproduzent erster Ordnung ist der gemeinhin als gesund und lebensverlängernd angesehene Sport sowie jede Art von erschöpfender körperlicher Belastung. Jeder, der sich beim Sport schon mal verausgabt und im Ziel nach Luft gerungen hat, weiß, wie stark hierbei der Sauerstoffbedarf ansteigt. Je mehr Sauerstoff wir einatmen, desto mehr Radikale fallen an. Während wir in Ruhe nur etwa 0,3 Liter Sauerstoff pro Minute verbrauchen, steigt der Bedarf bei einem Ausdauerlauf auf bis zu 1,5 Liter, beim Sprint sogar maximal auf drei Liter an. Etwa fünf Prozent des eingeatmeten Sauerstoffs werden in aggressive »Sauerstoffsingles« umgewandelt.

Doch auch beim Essen entstehen diese schädlichen Verbindungen. Gebildet werden die so genannten freien Radikale unter anderem in den Kraftwerken der Zellen, den Mitochondrien. In diesen mikroskopisch kleinen Zellbestandteilen wird die aufgenommene Nahrung mit Sauerstoff verbrannt, um daraus Energie zu gewinnen.

Ebenso führt psychischer Stress über den Abbau des Stresshormons Adrenalin zu einer vermehrten Bildung von Sauerstoffradikalen. Zigarettenrauch, Röntgen- und UV-Strahlen, Umweltschadstoffe und manche Medikamente begünstigen ebenfalls die Bildung der aggressiven Teilchen.

Die Telomertheorie

Zündschnüre des Lebens

Wer schon einmal einen Feuerwerkskörper gezündet hat, der weiß: Je kürzer die Zündschnur, desto kürzer ist die Zeit, bis es »knallt«. Ähnlich verhält es sich mit den Telomeren, die wie kleine Kappen auf den Chromosomen in unseren Zellen sitzen. Die Telomere enthalten zwar – im Gegensatz zu den Chromosomen – keine genetischen Informationen, sind aber dennoch für die Zellen ganz wichtig: Sie sind sozusagen die »Zündschnüre des Lebens«, werden bei der Geburt »gezündet« und »brennen« während unseres Lebens wie eine Kerze langsam ab. Säuglinge besitzen die längsten Telomere, in alten Zellen befinden sich nur noch kurze Telomerkappen auf den Chromosomen. Bei jeder Zellteilung werden diese Telomer-Endstücke nämlich etwas kürzer, bis sie nach zahlreichen Teilungsvorgängen völlig aufgebraucht sind. Je mehr Teilungen eine Zelle bereits hinter sich hat, desto kürzer sind die Telomere, desto älter ist die Zelle und desto kürzer ist die Zeit bis zum »Knall«, zum Absterben der Zelle. Die fast abgebrannte »Zündschnur der Zelle« beeinflusst das Aktivitätsmuster der Gene und den Stoffwechsel der alten Zelle, Teilungsvorgänge laufen langsamer ab, bis sich die Zelle gar nicht mehr teilt und abstirbt. Die Maßeinheit des Alters kann demnach statt »Monate und Jahre« auch »Länge der Telomere« heißen.

Klonschaf Dolly sieht »alt« aus

Die Telomere scheinen auch das Problem beim Klonen von Lebewesen zu sein. Geklonte Tiere werden aus Körperzellen bereits ausgewachsener Tiere erzeugt. Das berühmte Klonschaf »Dolly« beispielsweise wurde 1997 aus der Euterzelle eines erwachsenen Mutterschafs gezüchtet. Doch wie alt ist Dolly nun? So alt, wie es ihrem Geburtstag entspricht, oder so alt wie die Zellen ihrer Mutter? Seit kurzem steht fest: Die vierjährige Dolly ist genetisch gesehen eine Greisin. Normalerweise werden Schafe etwa zehn Jahre alt. Genetisch ähnelt das Schaf nicht seinen vierjährigen Altersgenossen, sondern seiner »Mutter«, die bei der »Produktion« fast sechs Jahre alt war: Nach der Länge der Telomere ist Dolly bereits fast zehn Jahre alt. Deshalb verwunderte es auch nicht, als im Januar 2002 die Meldung durch die Presse ging, dass Dolly unter Arthritis leidet, einer Gelenkentzündung, die sonst nur bei sehr alten Schafen auftritt. Die Aktienkurse der Gentechnologiebranche reagierten prompt und fielen um bis zu 15 Prozent ab.

Zelltod – Programm oder Verschleiß?

Lange Zeit dachte man, dass der Telomerschwund nicht durch die Lebensweise beeinflusst werden kann. Man nahm an, der Telomerverlust würde einem bei der Geburt schon feststehenden Programm folgen, das ungebremst abläuft und irgendwann zum Zelltod führt. Doch Forscher der Berliner Charité fanden kürzlich heraus, dass äußere Faktoren sehr wohl einen Einfluss auf die Telomerlänge haben können. Offensichtlich verkürzen sich die Chromosomenenden umso schneller, je stärker sie den aggressiven Sauerstoffradikalen ausgesetzt sind. Diese freien Radikale führen in der Zelle an verschiedenen Stellen und offensichtlich auch an den Telomeren zu Schädigungen und Verschleiß. Die Telomerlänge könnte demnach auch ein Marker für den »chemischen Verschleiß« der Zelle sein und Hinweise auf das biologische Alter der Zellen liefern. Die Telomertheorie und die Radikalentheorie basieren beide auf der Annahme, dass aggressive Sauerstoffverbindungen das Altern beschleunigen.

Die Glykosilierungstheorie

Verzuckerung des Körpers als Alterungsfaktor

Haben Sie schon einmal ein Glas süßer Limonade aus Versehen über ein Buch geschüttet? Sehr schnell hat der Zucker die Seiten des Buchs verklebt und unlesbar gemacht. Ähnlichen Schaden kann auch der Zucker aus der Nahrung in unserem Körper anrichten. Aktuelle Untersuchungen (Ames, Cerami) bestätigen, dass der Hauptenergielieferant unseres Körpers, die Glukose, den Alterungsprozess vorantreibt.
Die im Blut vorhandenen Zuckermoleküle können die Gewebe vieler Organe schädigen und regelrecht »verkleben«. Inzwischen wurde festgestellt, dass der Zucker (Glukose) vor allem Schäden an bestimmten Fasern des Bindegewebes, den so genannten kollagenen Fasern, verursacht. Diese Fasern sind wichtig, um die Festigkeit, Dehnbarkeit und Funktion des Bindegewebes u.a. im Herzmuskel, in den Gefäßen und in der Haut zu garantieren. Wird das Bindegewebe durch einen zu hohen Zuckerkonsum geschädigt, treten Arterienverkalkungen, Herzschwäche, Nierenschädigung, Verhärtungen des Bindegewebes, Falten, Trübung der Augenlinse und nachlassende Nervenfunktionen häufiger auf.
Besonders häufig und zehn bis 15 Jahre früher als bei gesunden Menschen kommt es bei Patienten mit Zuckerkrankheit (Diabetes mellitus) zu diesen »Verzuckerungsschäden«. Schuld an dieser vorzeitigen Alterung ist der bei dieser Patientengruppe besonders stark erhöhte Blutzuckerspiegel (Glukosespiegel).

Süße Sünden machen alt

Bei gesunden Menschen ist der alt machende Einfluss der Glukose geringer, aber dennoch vorhanden. Vor allem Nahrungsmittel mit schnell verwertbaren Zuckerverbindungen schaden

dem Körper. Nach dieser Theorie sind sowohl übermäßiges Essen als auch zuckerreiche Nahrungsmittel (Süßigkeiten, Weißbrot, weißer Reis u.a.) für vorzeitiges Altern mit verantwortlich.
Doch auch körperlicher (Infekte, erschöpfender Sport, Operationen) und psychischer Stress (Angst, Anspannung, Nervosität, Arbeitsüberlastung) bewirken einen messbaren Anstieg des Blutzuckerspiegels. Verantwortlich dafür sind vor allem die körpereigenen Stresshormone Adrenalin und Cortisol. Beide werden bei Stress vermehrt ausgeschüttet, um Energiereserven freizusetzen: Neben einer Erhöhung des Blutzuckerspiegels kommt es deshalb unter Dauerstress auch zu einem Anstieg der Blutfette. Die Neigung zu Zuckerkrankheit und Arterienverkalkung nimmt bei Stressbelastung zu. Moderater Sport hingegen wirkt sich sogar senkend auf den Blutzuckerspiegel aus.

Die Immuntheorie

Versagen der körpereigenen Abwehrarmee

Unser Körper gleicht einer Festung, die täglich gegen eine unvorstellbar große Zahl von Krankheitserregern wie Viren, Bakterien oder Pilzen verteidigt werden muss. Doch auch die »innere Sicherheit« ist Aufgabe des Immunsystems. Kranke und entartete Zellen müssen vom Abwehrsystem entdeckt und beseitigt werden. Um diese vielfältigen Aufgaben zu erfüllen, stehen dem »Abwehrheer« viele verschiedene »Krieger« mit unterschiedlichen Waffen und Strategien zur Verfügung. Durch ein gutes Training und eine gute Ausrüstung werden unsere Abwehrkräfte normalerweise mit den »Feinden« spielend fertig. Allerdings können Störungen das fein abgestimmte System durcheinander bringen und die Schlagkraft des Abwehrsystems beeinträchtigen. Stress, falsche Ernährung, Schlafmangel, körperliche Überlastung und Genussmittel gehören zu den Faktoren, durch die die Immunkräfte geschwächt werden. Die Folge: Der Organismus kann sich nicht mehr so gut regenerieren, Zellschäden werden nur noch unzureichend repariert, wir werden anfälliger für Krankheiten, Infektionen heilen nur langsam wieder aus, Tumore treten häufiger auf – wir altern.

So altern die Abwehrkräfte

Im Alter »trainiert« die Abwehrarmee nicht mehr so viel wie in der Jugend. Schuld daran ist unter anderem eine Verkleinerung des »Trainingscamps« Thymusdrüse. Um das 40. Lebensjahr hat sich dieses Abwehrorgan bereits um mehr als 70 Prozent zurückgebildet, mit 60 sind nur noch fünf bis zehn Prozent des Gewebes nachweisbar. Dadurch wird die Schlagkraft bestimmter Abwehrzellen (natürliche Killerzellen [NK-Zellen]) beeinträchtigt. Außerdem ändert sich im Laufe des Lebens die Zusammensetzung der »Immuntruppe«: Die Gesamtmenge wichtiger Abwehrzellen (T-Lymphozyten) sinkt. Zudem lässt die Aufmerksamkeit und Regulationsfähigkeit der Abwehrkräfte im Alter nach: Schädliche »Autoantikörper« (Abwehrstoffe, die gegen eigene Körperzellen gerichtet sind) können sich vermehrt bilden, und der Blutspiegel verschiedener Entzündungsfaktoren (Interleukine) steigt an. Ebenso findet man bei älteren Menschen höhere Spiegel des Stresshormons Cortisol, das zu einer weiteren Schwächung des Abwehrsystems führt. Dadurch wird die »Abwehrarmee« gleich an mehreren Fronten geschwächt. Feinde, mit denen der junge Organismus noch spielend fertig wurde, können jetzt fatale Schäden anrichten.

Der Lebensstil bestimmt die Abwehrkraft

Für die Abwehrkraft des Immunsystems ist der Lebensstil von entscheidender Bedeutung. Wir alle wissen, dass es in jedem Alter Menschen gibt, die anfälliger für Krankheiten aller Art sind als ihre Mitmenschen. Auffallend ist, dass ältere Menschen, die noch sehr »jugendlich« wirken, auch »junge« Immunparameter aufweisen. Das ist zu einem Teil sicher auch Folge günstiger Erbanlagen. Eine wichtige Rolle spielt dabei aber auch die individuelle Lebensweise. Das Immunsystem lässt sich durch eine ausgewogene Ernährung mit einer optimalen Zufuhr von Vitaminen, Mineralstoffen und Spurenelementen in seiner Funktionsweise günstig beeinflussen. Auch regelmäßig durchgeführte kalorienarme Tage stärken die Abwehrkräfte.
Sport hat sowohl günstige als auch ungünstige Einflüsse auf das Immunsystem. Vor allem leistungsorientierter Sport wirkt sich nachweislich negativ auf unsere Abwehrkräfte aus, das konnte in zahlreichen Studien belegt werden.
Auch Stress und Schlafmangel haben Einfluss auf das Immunsystem und bewirken langfristig eine Schwächung der Abwehrkräfte. Hier spielt das Stresshormon Cortisol eine wichtige Rolle. Durch einen ständig erhöhten Cortisolspiegel, wie er bei Dauerstress besteht, wird langfristig das Immunsystem geschwächt, und die Neigung zu Infekten nimmt zu.

Die Hormontheorie

Löcher im hormonellen Netz

Mehr als 20 verschiedene Hormone steuern und regulieren lebenswichtige und für das Wohlbefinden und die Gesundheit notwendige Funktionen im Körper. Viele Wissenschaftler sehen den Vorgang der Alterung als Folge eines Hormonmangels bzw. eines Ungleichgewichts im normalerweise fein abgestimmten Hormonsystem. Tatsächlich weisen die meisten Hormone in der Jugend um ein Vielfaches höhere Blutspiegel auf als im Alter.

Zwischen dem 40. und 50. Lebensjahr machen zahlreiche »Hormonkurven« einen Knick nach unten, gleichzeitig treten bei den meisten Menschen erste »Altersbeschwerden« auf: Knochenschwund, Wechseljahre, Haarausfall, Prostatavergrößerung, Depressionen, Antriebslosigkeit, Gewichtszunahme.

Besonders stark fällt der Abfall der Hormonkurve bei den als »Verjüngungshormonen« bekannten Botenstoffen auf: Melatonin, DHEA (Dehydroepiandrosteron), Wachstumshormon (STH) und den Geschlechtshormonen Östrogen und Testosteron.

Tatsächlich ist es unbestritten, dass ein Mangel an verschiedenen Hormonen das Altern beschleunigen, eine Hormongabe hingegen bereits bestehende Alterserscheinungen wieder rückgängig machen kann. Einige verjüngende und das Altern verzögernde Hormoneffekte konnten inzwischen zweifelsfrei nachgewiesen werden. Für andere positive Wirkungen gibt es inzwischen Hinweise, aber die endgültige wissenschaftliche Absicherung steht noch aus.

Um einen Hormonmangel zu beheben, muss man aber nicht gleich Hormontabletten einnehmen. Durch eine entsprechende Lebensweise lässt sich in vielen Fällen ein vorzeitiger Abfall der Hormonspiegel verhindern und die Hormonproduktion wieder ankurbeln. Auch pflanzliche Hormone können manchmal ein leichtes Hormondefizit ausgleichen. Da es sich gerade bei den Anti-Aging-Hormonen um ein sehr komplexes Thema handelt, informieren wir Sie darüber ausführlich in einem gesonderten Kapitel.

Verschiedene Theorien über das Altern – ein gemeinsamer Nenner

Die vorgestellten unterschiedlichen Theorien beschreiben den Vorgang des Alterns aus verschiedenen Blickwinkeln. Allen gemeinsam ist aber die Feststellung, dass das Leben endlich ist und der Alterungsprozess kontinuierlich fortschreitet. Lediglich die Geschwindigkeit des Alterns lässt sich durch unsere Lebensweise beeinflussen. Auffallend ist aber auch, dass sich aus den zunächst scheinbar völlig unterschiedlichen Theorien über die Alterung fast in jedem Fall die gleichen Konsequenzen für einen »Langlebigkeits-Lebensstil« ziehen lassen. Alt machende und das Leben verkürzende Faktoren sind nach diesen Theorien:

a) Stress,
b) Übermäßige Nahrungszufuhr, zu häufige, kleine Mahlzeiten, »Zwischenmahlzeiten«,
c) Mangel an Antioxidantien und sekundären Pflanzenstoffen,
d) Übertriebenes Fitnesstraining und leistungsorientierter Sport,
e) Schlafmangel,
f) Rauchen,
g) Hormonstörungen.

Diese Alterungsfaktoren führen zu einem schnelleren Verbrauch der Lebensenergie, steigern die Produktion freier Radikale, beschleunigen die Telomerverkürzung, begünstigen teilweise die Verzuckerung des Körpers (hier ausgenommen Sport) – kurz gesagt: Sie machen uns alt und krank. Wer lange jung bleiben möchte, sollte deshalb diese »Altersbeschleuniger« so weit wie möglich umgehen und durch eine energiesparende und abwechslungsreiche Lebensweise frühzeitig die Weichen in Richtung langes und vitales Leben stellen.

Das Geheimnis der 100-Jährigen

Durch unsere Bücher »Vom Glück der Faulheit« und »Bleib doch einfach jung« haben wir in der Vergangenheit zahlreiche Zuschriften von älteren, geistig und körperlich noch sehr leistungsfähigen Lesern erhalten, die uns über ihr Leben und ihren Lebensstil berichteten. Rüstige Senioren und vitale 100-Jährige haben oft, ohne von den Alternstheorien jemals etwas gehört zu haben, ein Leben geführt, das mit unseren Überlegungen für ein langes Leben übereinstimmt.

Unsere Beobachtungen wurden in ähnlicher Weise auch von anderen Alternsforschern bestätigt. So beobachteten Wissenschaftler der Harvard-Universität 700 Menschen über einen Zeitraum von 60 Jahren. Die Ergebnisse ihrer Untersuchungen veröffentlichten sie kürzlich im »American Journal of Psychiatry«. Danach wird das individuell erreichbare Alter eines Menschen nicht allein von seinen Genen bestimmt, sondern vor allem durch seine individuellen Lebensumstände.

Zu den Einflüssen, die sich nach Meinung der Harvard-Wissenschaftler verlängernd auf das Leben auswirken, zählen moderate sportliche Aktivität, niedriges Körpergewicht, mäßiger Alkoholgenuss und der Verzicht auf Nikotin. Außerdem sind eine positive Lebenseinstellung und eine stabile Ehe von Bedeutung. Lebensverkürzend wirken sich demnach Depressionen aus.

Nach Analyse der Lebensweisen von gesunden und geistig fitten über 80-jährigen Menschen lassen sich zusammenfassend folgende Gemeinsamkeiten feststellen:

1. Sie haben weder intensiv Sport getrieben noch sehr hart körperlich gearbeitet.
2. Sie haben sich lebenslang geistig beschäftigt und waren bis ins hohe Alter neugierig und lernbereit.

3. Sie waren meistens schlank oder normalgewichtig, haben regelmäßig gefastet oder waren insgesamt eher schlechte Esser. Viele haben sogar nur zweimal täglich Nahrung aufgenommen. Einige waren durch »schlechte Zeiten« gezwungen, über einen längeren Zeitraum die Kalorienzufuhr zu reduzieren.
4. Sie haben Stress – wo immer es möglich war – vermieden, gingen gelassen durchs Leben.
5. Sie haben überdurchschnittlich viel geschlafen und häufig einen Mittagsschlaf eingehalten.
6. Die meisten waren auch dem Genuss in Maßen nicht abgeneigt, sehr viele haben sich regelmäßig ein Gläschen Wein oder Bier gegönnt. Die meisten haben wenig, aber abwechslungsreich gegessen.
7. Sie haben viel gelacht und waren selbst in schwierigen Situationen optimistisch.
8. Sie haben soziale Kontakte und Freundschaften gepflegt.

Aufgrund dieser wissenschaftlich belegten Daten haben wir ein Programm entwickelt, das sich auf den ersten Blick von allem zu unterscheiden scheint, was Sie bisher über Langlebigkeit gehört haben und was in den zahlreichen Fitness- und Gesundheitsbüchern zu lesen ist. Sie werden feststellen, dass es relativ einfach und genussvoll sein kann, lange gesund und jugendlich zu bleiben. Sie müssen sich nicht auf dem Sportplatz quälen oder eine einseitige Diät einhalten. Lebensverlängernd wirken vor allem Kalorienreduktion, wenig Stress, mäßige Bewegung, viel Schlaf sowie Optimismus und Lebensfreude. Probieren Sie unser Programm aus, und Sie werden feststellen, dass sich »die Kunst, länger zu leben« durchaus erlernen lässt.

3. KAPITEL

In diesem Kapitel erfahren Sie,

- warum Sport uns manchmal schneller altern lässt
- weshalb Langsame vielleicht länger leben
- warum manche Sportler fit, aber krank sind
- wie viel körperliche Aktivität ausreichend für Gesundheit und ein langes Leben ist

Die Kunst der optimalen Bewegung

»Der große Sport fängt da an,
wo er längst aufgehört hat, gesund zu sein.«
Bertolt Brecht (1898–1956)

No sports

Roland Prinzinger berichtet in seinem Buch »Das Geheimnis des Alterns« von einer Frau, die im hohen Alter von 110 Jahren in ein Altersheim kam, wo sie mit 119 Jahren verstarb. Von ihrer Lebenszeit verbrachte sie aber 75 Jahre wegen einer schweren Krankheit im Bett oder im Rollstuhl. Wenn das Schicksal dieser Frau auch zu bedauern ist, so zeigt es doch, dass Sport keine Voraussetzung für ein langes Leben ist.
Auch der ehemalige britische Premierminister Winston Churchill war offenbar der Ansicht, dass Sport keine gesundheitlichen Vorteile mit sich bringt. Sein Lebensmotto »No sports« (»kein Sport«) findet bei den zahlreichen Sportbegeisterten allerdings wenig Zustimmung. Sie betreiben Sport aus Leidenschaft und lesen täglich in den Zeitungen und Zeitschriften Berichte über den Gesundheitswert des Sports. Doch die Analysen der bekanntesten Alternstheorien legen den Schluss nahe, dass intensiv betriebener Sport der Gesundheit schaden und eventuell die Lebenszeit verkürzen kann. Fasst man die vorgestellten Alternstheorien zusammen, muss der Wert des Sports anders interpretiert werden. Alle Theorien (mit Ausnahme der Glykosilierungstheorie) lassen den Schluss zu, dass

der gesundheitsfördernde Effekt des Sports überbewertet wird. Insbesondere leistungsorientierter Sport scheint keine gesundheitlichen Vorteile zu bringen.
Während für ein minimales und entspanntes Bewegungsprogramm, für das viele noch nicht einmal das Wort »Sport« in den Mund nehmen würden, durchaus sichere gesundheitsförderliche Wirkungen festgestellt werden können, kehrt sich der positive Effekt schon bei manchem Freizeitsportler rasch ins Gegenteil um. Zudem verursacht die Fitnessbewegung der letzten Jahrzehnte bei den nicht ganz so Sportlichen permanent ein schlechtes Gewissen und treibt die Fitnessinteressierten oft in einen übertriebenen Sportstress, der sich noch zum Berufsstress hinzuaddiert.

Sport schadet den grauen Zellen

Wird Sport unter Leistungsaspekten und erfolgsorientiert betrieben, scheint er ähnlich schädlich zu sein wie Dauerstress im Beruf – zu diesem Ergebnis kam eine Untersuchung des Max-Planck-Instituts für Psychiatrie in München. Untersucht wurden ältere Marathonläufer (Durchschnittsalter 55 Jahre), die ihren Sport seit mindestens zehn Jahren betrieben und in der Woche zwischen 120 und 150 Kilometer im Training zurücklegten. Durch die ständige intensive körperliche Belastung – so konnte durch Blutuntersuchungen nachgewiesen werden – kommt es in den Nebennieren der Marathonläufer zu einer Überproduktion des Stresshormons Cortisol. Der natürliche Regelkreis, der eigentlich eine Dauerproduktion verhindern soll, funktioniert bei den Marathonläufern nicht mehr.
Ähnlich wie ein defekter Thermostat, der die Heizung trotz hoher Raumtemperatur nicht mehr auf »normal« zurückschalten

kann, ist auch der Rückkopplungsmechanismus bei Marathonläufern derart gestört, dass die durch den Sport verursachten hohen Cortisolspiegel nicht mehr auf Normalwerte eingestellt werden können.
In Untersuchungen an Tieren konnte bereits gezeigt werden, dass Dauerstress das Gedächtnis beeinträchtigt. Die Tests des Max-Planck-Instituts konnten diesen Effekt nun auch bei den unter »Dauerstress« stehenden Langstreckenläufern nachweisen. Sie hatten, verglichen mit den älteren Kontrollpersonen, ein wesentlich schlechteres Kurzzeitgedächtnis. So konnten die sportlich Aktiven nach einer halben Stunde erlernte Begriffe deutlich schlechter wiedergeben als die unsportlichen Kontrollpersonen.

Läufer – fit, aber nicht immer gesund

Forscher untersuchten zehn gesunde Männer vor und nach einem 100-Kilometer-Marathon und bestimmten neben Stresshormonen und Milchsäure (Laktat) auch Marker, die auf eine Schädigung des Herzens hinweisen. Unter anderem bestimmten sie so genannte »Nekrosefaktoren« (kardiales Troponin T) und verschiedene Marker, die auf Störungen der Herzfunktion hinweisen (u.a. natriuretische Peptide). Alle Werte waren nach dem Lauf deutlich erhöht, am stärksten aber war der Anstieg der Marker für Herzschäden. Diese weisen darauf hin, dass während der Belastung unbemerkt Herzmuskelzellen beschädigt und zerstört worden sind und es dadurch zu einer vorübergehenden Funktionsstörung der Herzkammer gekommen war. Das zeigt erneut, dass Extrembelastungen selbst für gesunde Herzen keinesfalls harmlos sind (Haruo Ohaba et al. 2001). Ob diese »kleinen« Herzschäden langfristig zu einem Herzinfarkt oder Herztod führen können, kann vorerst noch nicht mit Sicherheit gesagt werden. Der Humanbiologe Arnold Koller vom Institut für Sport- und Kreislauf-Medizin an der Uni-Klinik Innsbruck schließt aber einen Zusammenhang nicht aus (Koller 2001).

Immunschwäche durch sportlichen Ehrgeiz

In zahlreichen Studien konnte festgestellt werden, dass Sportler nach Ausdauerwettkämpfen deutlich häufiger mit Nebenhöhlenentzündungen, Halsinfekten und Bronchitis zu kämpfen haben. Verantwortlich für die hohe Infektanfälligkeit ist eine vorübergehende Schwächung des Immunsystems. Auch bereits bestehende Erkrankungen verlaufen schwerer, wenn das Training wieder aufgenommen wird, bevor der Infekt abgeklungen ist. In einer Studie an 2311 Langstreckenläufern, die sich auf den Los-Angeles-Marathon vorbereiteten, wurde die Auswirkung von Training und Wettkampf auf das Immunsystem untersucht: Durch die Ausschüttung des Stresshormons Cortisol war das Immunsystem bei den meisten Sportlern schon in der Vorbereitungsphase deutlich geschwächt. Diejenigen, die dann tatsächlich am Lauf teilnahmen, waren danach sechsmal anfälliger für Krankheiten als die Sportler, die nur das Training absolvierten.
Die körperlichen und auch psychischen Belastungen beim Sport und die Beanspruchung beim Leistungstraining lösen im Körper Stressreaktionen aus, die einen Anstieg des Stresshormons Cortisol bewirken. Der Anstieg von Cortisol ist nötig, um Energie für die Leistung bereitzustellen, aber er beeinflusst auch nachhaltig die natürliche körpereigene Abwehr. Je höher der Cortisolspiegel ansteigt, desto stärker wird die Abwehr geschwächt. Besonders Wettkämpfe und energetische Grenzsituationen bei Langzeitbelastung im Ausdauersport fördern den hohen Cortisolanstieg. Zusätzlich führt eine Dauerbelas-

tung zu einem Abfall des Immunglobulin A. Dieser Eiweißkörper ist vor allem für den Schutz der Schleimhäute verantwortlich. Die Sportler werden dadurch anfälliger für Infekte.

Spazieren gehen reicht aus – sagen die Wissenschaftler

Der weltbekannte Langstreckenläufer Emil Zatopek hat einmal gesagt: »Vogel fliegt, Fisch schwimmt, Mensch läuft.« Damit wollte er ausdrücken, dass Laufen die natürlichste Bewegungsform des Menschen sei. Er hat sich getäuscht. Seit unsere Vorfahren auf zwei Beinen stehen konnten, haben sie die meisten Strecken gehend zurückgelegt. Deshalb ist Gehen auch die natürlichste Bewegungsform des Menschen. Heute wissen wir, dass regelmäßige Spaziergänge ausreichen, um gesund zu bleiben. Das bestätigen auch aktuelle Untersuchungen. Wissenschaftler der renommierten Harvard-Universität haben jetzt nachgewiesen, dass es ausreicht, einmal pro Woche etwa eine Stunde flott spazieren zu gehen, um das Risiko für Herz-Kreislauf-Erkrankungen zu halbieren (JAMA 2001).
In die gleiche Richtung weist eine schon etwas ältere Untersuchung, die der Fitnesswelle einen starken Anschub gab: 1978 stellte der amerikanische Arzt Ralph Pfaffenbarger in einer Studie an 17000 Harvard-Absolventen, die zwischen 35 und 74 Jahren alt waren, fest, dass das Risiko für Herzkrankheiten deutlich sinkt, wenn wöchentlich etwa 2000 Kalorien durch körperliche Aktivitäten verbrannt werden. Von nun an mühten sich Millionen auf dem Laufband, im Squashcourt oder Fitness-Studio ab, um die magischen 2000 Kalorien zu erreichen oder noch mehr zu verbrauchen. Leider wurde – wenn die Untersuchung später zitiert wurde – nicht erwähnt, dass die Harvard-

Studenten die Kalorien nicht ausschließlich beim Sport, sondern überwiegend durch Treppensteigen, Hund ausführen, Hausarbeit verrichten und ähnliche Alltagstätigkeiten verbraucht haben. Vergessen wurde auch, dass Pfaffenbarger bereits bei einem Verbrauch von zusätzlich 500 Kalorien wöchentlich durch Bewegung einen gesundheitsfördernden Effekt feststellen konnte. Doch ein ganz wichtiges Ergebnis wird von den Fitnessfanatikern gern verschwiegen: Pfaffenbarger hat auch festgestellt, dass ein Verbrauch von mehr als 3000 Kalorien wöchentlich die gesundheitlichen Effekte der sportlichen Anstrengungen nicht nur völlig aufhebt, sondern sogar das Risiko für Herz-Kreislauf-Komplikationen wieder ansteigen lässt.

Moderate Bewegung aktiviert Schutzmechanismen

Intensive körperliche Belastung führt zu einer Flut von Sauerstoffradikalen, die zur Überlastung körpereigener Schutzsysteme führt. Unser Organismus ist in diesem Fall den freien Radikalen hilflos ausgeliefert.
Anders verhält es sich mit moderater sportlicher Betätigung. Mäßiges Bewegungstraining kann offensichtlich bestimmte Enzymsysteme aktivieren, welche die Zellen schützen (Richter, Christoph 1997, 1996). Das legen zumindest Untersuchungen an Zellkulturen nahe. Wurden diese einem leichten »oxidativen Stress« durch Sauerstoffradikale ausgesetzt, bildeten sie vermehrt so genannte antioxidative Schutzenzyme, die auch die Mitochondrien, die Zellkraftwerke, schützen. Nagetiere, die sich zusätzlich zu einer kalorienreduzierten Ernährung mäßig bewegten, waren besser vor den freien Radikalen geschützt als die Kontrolltiere ohne Bewegungsprogramm und mit normaler Kost.

Auch die Auswirkungen von Sport auf das Immunsystem sind »janusköpfig«. Während Minimalsport zu einer Verbesserung der Abwehrkräfte führt, schädigt intensives Training das Immunsystem. Lang dauernde Belastungen führen zu einem Abfall des Immunglobulin A, welches vor allem für den Schutz der Schleimhäute verantwortlich ist. Kein Wunder, dass Sportler besonders oft mit Nebenhöhlenentzündungen und Bronchitis zu kämpfen haben. Der Anstieg des Cortisolspiegels schwächt die Abwehrzellen und erhöht insgesamt die Infektanfälligkeit. Durch mäßige Bewegung hingegen – bereits ein längerer Spaziergang ist ausreichend – steigt die Zahl und Aktivität der Abwehrzellen (Lymphozyten) an.

Die Bewegungsregeln für ein langes Leben

Aufgrund dieser und anderer wissenschaftlicher Studien kann als sicher gelten, dass ein zusätzlicher wöchentlicher Kalorienverbrauch von 500 Kalorien vollkommen ausreicht, um optimal gesund zu bleiben und die besten Voraussetzungen für ein langes Leben zu schaffen. Diese Kalorien müssen aber nicht unbedingt auf dem Sportplatz oder im Fitness-Studio verbraucht werden, sondern lassen sich leicht in den Tagesablauf einbauen, denn auch Alltagstätigkeiten können mitgezählt werden.
Der von uns vorgeschlagene wöchentliche Kalorienverbrauch sollte nach Möglichkeit auf mehrere »Trainingseinheiten« aufgeteilt werden.
Sie können

- 5-mal pro Woche 100 Kalorien oder
- 4-mal pro Woche 120–130 Kalorien oder
- 3-mal pro Woche 160–170 Kalorien

verbrauchen.

Die »Belastungszeit« der einzelnen Trainingseinheit sollte mindestens drei Minuten betragen, um einen Trainingseffekt für das Herz-Kreislauf-System zu erreichen. Dreimal pro Woche sollten Sie ein zehnminütiges Muskeltrainingsprogramm absolvieren. Sie verbrauchen dabei jeweils etwa 30 Kalorien (pro Woche etwa 90 Kalorien), die Sie auf den Gesamtkalorienverbrauch anrechnen können. Empfehlenswerte Übungen entnehmen Sie bitte dem Anhang. Um den ungefähren Kalorienverbrauch pro Woche zu bestimmen, können Sie sich an nachstehender Tabelle orientieren.

Jeweils 100 Kalorien verbrauchen Sie durch	
Spazieren gehen (ca. 3,5 km/h)	40 Minuten
Spazieren gehen (ca. 6 km/h)	30 Minuten
Joggen (ca. 8 km/h)	20 Minuten
Treppensteigen (75 Stufen/min)	12 Minuten
Tanzen	30 Minuten
Golf spielen (zu Fuß)	40 Minuten
Rad fahren (15 km/h)	20 Minuten
Schwimmen (2 km/h)	20 Minuten
Tennis (Einzel)	15 Minuten
Fenster putzen	20 Minuten
Rasen mähen (ohne Motor)	20 Minuten
Gartenarbeit	20 Minuten

Wenn Sie einen Hund besitzen und täglich mit ihm spazieren gehen, haben Sie Ihr »Fitnesspensum« für ein langes Leben schon erfüllt. Sind Sie für die Hausarbeit zuständig, haben Sie dadurch wahrscheinlich auch schon Ihre Wochenkalorien verbraucht. Gönnen Sie sich aber in diesem Fall pro Woche noch ein bis zwei Spaziergänge zur Entspannung.

Die drei wichtigsten Tipps für die »Langlebigkeits-Bewegung«

Vermeiden Sie Sportstress

Höher, schneller, weiter – dieses Sportlermotto versetzt auch immer mehr Freizeitsportler unter gesundheitsschädlichen Stress. Wer vor der Arbeit schnell eine Runde dreht oder in der Mittagspause ins Fitness-Studio hetzt, bringt seinen Organismus um wichtige Erholungspausen. Unter Zeitdruck wird die körperliche Betätigung nämlich sehr schnell selbst zu einem alt machenden Stressfaktor. Sport und Stress passen nicht zusammen. Betätigen Sie sich nur dann sportlich, wenn Sie keinen Stress haben.

Trainieren Sie regelmäßig, aber nur mäßig

So lautet die Devise für Gesundheit und Langlebigkeit durch Bewegungstraining. Bereits durch regelmäßiges Spazierengehen, Walking oder eine gemütliche Radtour werden im Körper Schutzmechanismen aktiviert, die uns jung und gesund halten. Gehen Sie deshalb mindestens drei- bis fünfmal wöchentlich spazieren, oder fahren Sie Fahrrad.

Achten Sie auf Radikalenfänger

Beim Sport produziert der Körper große Mengen freier Radikale, die Alterungsvorgänge beschleunigen. Schützen Sie sich deshalb bei jeder Art von körperlicher Betätigung durch eine ausreichende Zufuhr der Radikalenfänger-Nährstoffe Vitamin A, C, E sowie Selen, Zink (siehe auch Kapitel 5). Essen Sie mehr Obst und Gemüse, und ergänzen Sie im Bedarfsfall Ihre Ernährung durch Mikronährstoffe.

4. KAPITEL

In diesem Kapitel erfahren Sie,

- warum es keinen guten oder schlechten Stress gibt
- weshalb Oscarpreisträger und zufriedene Nonnen besonders lange leben
- welche Düfte, Farben und Musikstücke beruhigend wirken
- warum Freunde ein wahrer Jungbrunnen sein können

Die Kunst der richtigen Entspannung

»Die Kunst des Ausruhens ist ein Teil der Kunst des Arbeitens.«
John Steinbeck (1902–1968)

Das Märchen vom guten und schlechten Stress

Seit der Physiologe Hans Selye zum ersten Mal das Wort »Stress« für eine psychisch belastende Situation verwendete, diskutiert die Fachwelt, ob es »guten« und »schlechten« Stress gibt. Sehr viele Psychologen vertreten heute die Auffassung, dass positiver Eustress (bestandene Prüfungen, Hochzeit o.Ä.) und negativer Disstress (Trauer, Ärger mit Kollegen, Streit o.Ä.) existiert. Dabei soll der gute Stress unsere Leistungen beflügeln und der Gesundheit förderlich sein, der negative Stress hingegen schädlich sein und uns krank machen. Für diese Meinung existieren allerdings keine hinreichenden Belege. Beide – sowohl der Eustress als auch der Disstress – können schädlich werden, wenn sie die individuelle Stress-Toleranz-Schwelle überschreiten und längere Zeit auf den Körper einwirken (Neal 2002). Natürlich fragen Sie sich jetzt zu Recht, warum auch scheinbar »guter« Stress krank machen kann. Die Erklärung ist einfach: Stress jeder Art bringt den Organismus aus dem Gleichgewicht, und die damit verbundenen Reaktionen schaden dem Körper, wenn sie zu lange anhalten. Kurze Stressphasen dagegen – egal ob Eu- oder Disstress – werden in der Regel vom Körper gut verkraftet und schaden deshalb wenig.

Die schädliche, alt machende und lebensverkürzende Wirkung von Dauerstress wird vor allem durch drei Hormone hervorgerufen. Es sind dies die Stresshormone Cortisol, Adrenalin und Noradrenalin. Cortisol wirkt wahrscheinlich am stärksten alternsbeschleunigend. Adrenalin und Noradrenalin bauen sich nach der Stressbelastung rasch wieder ab, das Hormon Cortisol bleibt dagegen noch lange Zeit im Körper wirksam. Chronische Stressbelastung kann auf Dauer zu einem ständig erhöhten Cortisolspiegel führen. Während die Spiegel der anderen Hormone im Alter abfallen, steigt der Cortisolspiegel bei den meisten Menschen in dieser Lebensphase sogar noch kontinuierlich an. Schuld daran ist die Wechselwirkung zwischen dem »Wohlfühlhormon« DHEA (mehr dazu im Hormonkapitel) und der Cortisolproduktion. Eine der wichtigsten Eigenschaften von DHEA ist es, eine übermäßige Cortisolproduktion zu bremsen und durch dieses Hormon entstandene Schäden wieder zu reparieren. Mit nachlassenden DHEA-Spiegeln im Alter fehlt die Bremswirkung auf die Stresshormonproduktion. Cortisol ist aber ein »Gift« für die Hirnzellen und das Immunsystem und beschleunigt den Abbau der Gedächtnisfunktionen und begünstigt eine Schwächung des Immunsystems. Ein höherer DHEA-Spiegel erleichtert hingegen den Umgang mit Stress und scheint Alterungsvorgänge zu verzögern. Ein wichtiger Marker für das biologische Alter ist der Quotient aus DHEA und Cortisol. Je größer er ist, desto besser. Optimal scheinen Werte von 10 : 1 zu sein.

Lachse sterben den Stresstod

Eindrucksvoll werden die fatalen Auswirkungen einer unkontrollierten Ausschüttung des Stresshormons Cortisol durch das alljährliche Lachssterben demonstriert. Lachse erblicken in Flüs-

sen und Süßwasserseen das Licht der Welt, wandern dann aber zum Meer, wo sie einige Jahre ihres Lebens verbringen. Plötzlich begeben sie sich, getrieben von einer inneren Uhr, auf eine oft mehrere tausend Kilometer lange Reise zurück zu den Orten, an denen sie geschlüpft sind. Um ihr Ziel zu erreichen, überspringen sie Wasserfälle und schwimmen kraftvoll gegen Stromschnellen an. Nach dem Laichen sterben diese offensichtlich bisher sehr leistungsfähigen Tiere innerhalb von Tagen. Eine Untersuchung dieser bisher völlig gesunden Lachse ergab exzessiv erhöhte Spiegel des Stresshormons Cortisol. Auffallend war, dass diese gestressten Fische zahlreiche Symptome aufwiesen, die man auch bei Patienten mit einem so genannten »Cushing-Syndrom«, einer mit krankhaft erhöhter Cortisolproduktion einhergehenden Erkrankung, findet (mehr dazu im Internet unter: *www.breathing.com/articles/labored-breathing-cortisol.htm*). Gerade an diesen Patienten mit Cushing-Syndrom lässt sich auch beim Menschen die alterungsbeschleunigende Wirkung des Stresshormons belegen. Neben einer verkürzten Lebenserwartung leiden diese Patienten mit erhöhten Cortisolspiegeln unter frühzeitigem Knochenschwund, Nachlassen der Abwehrkräfte, hohem Blutdruck, Abbau der Muskelmasse, Nachlassen der geistigen Fähigkeiten, Zunahme des Fettgewebes sowie einer dünnen und faltigen Haut. Das alles sind typische Alterserscheinungen, die bei einer normalen Cortisolproduktion erst Jahrzehnte später auftreten.
Doch auch gestresste Menschen altern schneller! In Stress-Situationen schüttet unser Körper regelmäßig Cortisol aus der Nebennierenrinde aus, wodurch das Altern beschleunigt und die Gesundheit beeinträchtigt wird. Können Stressfaktoren nicht beseitigt oder entschärft werden, erhält unser Organismus täglich eine Dosis alt machender Stresshormone. Auf Dauer führt ein ständig erhöhter Cortisolspiegel zu einer

Schwächung des Immunsystems, zu Zuckerkrankheit, Bluthochdruck, allgemeiner Erschöpfung, Knochenschwund, Verminderung der Konzentrationsfähigkeit und Verschlechterung der geistigen Leistungsfähigkeit.

Stresshormone machen dumm

Zwei Monate vor seinem Examen setzte uns ein Jurastudent, normalerweise als »Gehirnathlet« bekannt, in Erstaunen: »Habt ihr schon den neuen Film gesehen mit ... der Name des Films fällt mir jetzt gerade nicht ein, aber die Hauptdarsteller sind ..., ja, die fallen mir jetzt leider auch nicht ein.« Es gehe ihm schon seit Wochen so, erklärte er voller Sorge. Je näher das Examen rücke, auf das er sich zurzeit täglich mehrere Stunden vorbereite, umso häufiger passiere es, dass er vor den Regalen im Supermarkt stehe und nicht mehr wisse, was er einkaufen möchte. Immer öfter entfallen ihm Namen und Telefonnummern und, was das Schlimmste sei, wichtige Fakten für die bevorstehende Prüfung. In den Witzen sind es nur die Professoren, die ständig zerstreut sind. In der Realität betrifft es ihre Studenten vor großen Prüfungen aber mindestens genauso häufig. Durch Stress wird unser Erinnerungsvermögen löchrig wie ein Sieb. Akuter Stress, das hat der eine oder andere vielleicht schon in Prüfungssituationen am eigenen Leib erfahren müssen, kann zum »Blackout« führen. Sicher kennen Sie Situationen, in denen Sie sich unbedingt an wichtige Daten, an die Telefonnummer eines Freundes, an den Namen eines neuen Geschäfts oder den Titel eines interessanten Kinofilms erinnern wollten. Die entscheidenden Informationen aber waren plötzlich wie aus dem Gedächtnis gelöscht, denn unter Leistungsdruck können die meisten Menschen schlechter denken. Hat sich die Situation entspannt, haben wir die stress-

reichen Bemühungen, uns an etwas zu erinnern, aufgegeben. Jetzt fällt uns das Gesuchte plötzlich wieder ein. Der Gedächtnisblock ist beseitigt.
Noch fataler wirkt sich aber chronischer Stress auf die geistige Leistungsfähigkeit aus. Junge Ratten, die mittels Stromschlägen in eine Art Dauerstress versetzt wurden, vergaßen, ähnlich wie der Jurastudent, bereits Gelerntes und hatten Schwierigkeiten, neue Lerninhalte zu behalten. Jeder, der schon mal längere Zeit beruflich unter Druck stand oder sich wochenlang auf eine wichtige Prüfung vorbereiten musste, kennt diese Situation. Je größer die Belastung wird, desto häufiger entfallen uns Namen, Telefonnummern und Termine. Schuld daran sind auch hier wieder die Hormone, die in Stress-Situationen vermehrt ausgeschüttet werden: Adrenalin, Noradrenalin und Cortisol. Vor allem von Letzterem ist bekannt, dass es alt und vergesslich macht. Verschiedene Strukturen im Gehirn, vor allem der so genannte Hippocampus, ein Gehirnteil, der Gedächtnisleistungen regelt, verbinden sich besonders leicht mit dem Hormon und werden dadurch geschädigt. Nervenzellen in dieser Gehirnregion werden durch Cortisol abgetötet. Dauerstress kann uns so zum zerstreuten und vergesslichen Professor machen. Wird älteren Menschen, deren Gedächtnisfunktion mit den Jahren abgenommen hat, über lange Zeit Cortison in hohen Dosen verabreicht, schädigt das zusätzlich die schon angeschlagenen Gehirnzellen in der Gedächtnisregion.

Stress lässt Blut verfetten

Wissenschaftler der Ohio State University (http://www.osu.edu) haben erstmals bewiesen, dass durch kurze psychologische Stressphasen herzschädigende Fette länger in der Blutbahn bleiben. Die Ergebnisse der Studie, die im Journal »Psychophysiology« publiziert wurden, sind für die Studien-Co-Autorin Catherine Stoney ein weiterer Beweis dafür, dass es einen Zusammenhang zwischen Stress und Herzerkrankungen gibt.

Für die Studie wurden 70 Personen mittleren Alters untersucht, die in zwei Gruppen, männlich und weiblich, geteilt wurden. Eine Hälfte war zwischen 40 und 48 Jahre alt, die andere zwischen 54 und 61 Jahre. Jede Person wurde zweimal getestet, jedes Mal wurde den Testpersonen eine fetthaltige »Triglycerid-Lösung« in die Blutgefäße gespritzt. Dadurch sollte jener Vorgang simuliert werden, der sich wenige Stunden nach dem Verzehr einer fetthaltigen Mahlzeit im Blut abspielt. Während sich die eine Gruppe ausruhte und ihr Blutfettspiegel alle 40 Minuten kontrolliert wurde, versetzten die Forscher die zweite Gruppe in eine Stress-Situation. Sie mussten eine Rede vorbereiten und anschließend vortragen, psychomotorische Tests absolvieren, Spiegelbilder zeichnen und Rechenbeispiele lösen. Das Ergebnis: Im ausgeruhten Zustand sank der Blutfettspiegel deutlich schneller auf normale Werte ab als in Stress-Situationen. Stress scheint die Fettverwertung deutlich zu beeinträchtigen. »Genießt jemand ein fettreiches Essen in einer Stress-Situation, zirkuliert das Fett länger als gewöhnlich im Blut«, so die Co-Autorin. Daher könnten sich Fette mit einer größeren Wahrscheinlichkeit in den Arterien ablagern und das Risiko einer Herzerkrankung erhöhen. Dass der Triglyceridspiegel bei einigen Teilnehmern sehr heftig auf Stress-Situationen reagierte, bei einigen die Reaktion sehr schwach ausfiel, erläuterte die Forscherin: »Es gibt individuelle Unterschiede, wie Menschen Fett verwerten. Aber es ist eindeutig, dass sich Stress auf jeden Fall negativ auf den Abbau der Blutfettwerte auswirkte.« Wenn sich Stress nicht vermeiden lässt, sollte man in diesen angespannten Phasen umso mehr auf eine ausgewogene, fettarme Ernährung achten und möglichst nicht zu Fastfood und fettreichen Süßigkeiten greifen.

Entspannung managt den Hormonspiegel

Wenn Stress alt macht, dann müsste Entspannung folglich verjüngend wirken. Tatsächlich wird dieser Umkehrschluss auch in der Praxis bestätigt. Eine der ersten Untersuchungen über die Auswirkungen der Transzendentalen Meditation auf die Gesundheit wurde 1968 vom amerikanischen Physiologen Robert Keith Wallace, University of California, Los Angeles, durchgeführt. Er untersuchte die Auswirkungen von Meditation und Entspannungsübungen auf das biologische Alter. Blutdruck, Sehschärfe in kurzen Entfernungen und Hörvermögen wurden als Messwerte herangezogen, denn gerade diese Parameter verschlechtern sich mit zunehmendem Alter. Das Ergebnis war verblüffend: Versuchspersonen, die bis zu fünf Jahre regelmäßig Entspannungsübungen durchgeführt hatten, waren im Schnitt biologisch um fünf Jahre jünger als ihre nicht meditierenden Kollegen. Wer länger als fünf Jahre Meditationstechniken anwendete, war biologisch sogar um bis zu zwölf Jahre jünger, als es sein wahres Alter vermuten ließ.
In den vergangenen 30 Jahren wurden mehr als 500 wissenschaftliche Studien an über 200 unabhängigen Universitäten durchgeführt, die Einflüsse der Meditation auf die Gesundheit überprüfen sollten. Demnach verbessern Meditation und Entspannungsübungen die Gesundheit auf vielfältige Weise, sie bessern Schlafstörungen, bauen Stress ab, erhöhen Kreativität und Intelligenz, sind wirksam gegen Depressionen und Ängste und können Alterungsvorgänge verzögern.

Optimismus verlängert das Leben

Sigmund Freud, der Begründer der Psychoanalyse, hielt Optimismus für eine Neurose, für den Philosophen Arthur Schopenhauer war Optimismus etwas Verderbliches und Falsches. Doch das sollte alle Optimisten nicht stören, denn eine positive Lebenseinstellung scheint ein wichtiger Grundstein für ein langes und gesundes Leben zu sein. Mehrere Studien weisen darauf hin, dass Optimismus nicht nur das Leben verlängert, sondern auch vor einigen Krankheiten schützt. So fanden Forscher des Johns-Hopkins-Zentrums in den USA heraus, dass bei positiv eingestellten Menschen deutlich seltener schwere Herzkrankheiten wie zum Beispiel Herzinfarkt auftreten. Eine Studie aus Texas ergab ein deutlich verringertes Schlaganfallrisiko bei älteren Menschen, die angaben, glücklich zu sein. Auch die nachträgliche Auswertung eines Psychotests, der in den frühen sechziger Jahren an der Mayo-Klinik des US-Staates Minnesota durchgeführt wurde, legt diese Vermutung nahe. Von den über 700 Testpersonen sind inzwischen 200 verstorben. Auffällig häufig habe der Tod die Pessimisten ereilt, berichtet die Zeitschrift »Bild der Wissenschaft« (März 2001) über die von dem bekannten amerikanischen Psychologen Martin Seligman, Universität Pennsylvania, durchgeführte Untersuchung. Schon wer im Test – verglichen mit dem Durchschnitt – als leichter Pessimist eingestuft wurde, hatte ein um 19 Prozent höheres Sterberisiko. Zum gleichen Ergebnis kommt auch eine Auswertung der Krankengeschichten von 600 Patienten mit Herz- und Lungenerkrankungen. Professor Ralf Schwarzer von der Freien Universität Berlin konnte feststellen, dass die Optimisten nach Operationen schneller wieder gesund wurden und früher wieder an ihren Arbeitsplatz zurückkehren konnten als die pessimistisch eingestellten Patienten.

Laut und herzhaft zu lachen sei eine der besten Methoden, sich vor einem Herzinfarkt zu schützen, verkündeten Kardiologen aus Baltimore bei den Scientific Sessions 2000 der American Heart Association. Sie hatten die »Lachbereitschaft« von 150 Herzgesunden mit der von 150 herzkranken Patienten verglichen. Per Fragebogen wurden die Teilnehmer mit 21 lustigen Situationen konfrontiert und befragt, wie sie darauf reagieren würden. Auswählen konnten sie zwischen fünf Antwortmöglichkeiten von »fände ich nicht sehr komisch« bis »da würde ich herzhaft lachen«. Maximal konnten 105 Punkte erzielt werden. Die Auswertung ergab, dass alle, die einen »Humorquotienten« über 50 erreichten, ein deutlich reduziertes Risiko für Herzkrankheiten hatten. Die Herzpatienten hingegen waren um 40 Prozent weniger bereit, eine Situation lustig zu finden, als die Gesunden. Die amerikanischen Forscher empfehlen deshalb: »Lachen Sie viel, bauen Sie es in Ihren Alltag ein wie das Zähneputzen – etwa in Form von Humorliteratur oder einem lustigen Video jeden Tag.« Auf Fortgeschrittene wartet dann der nächste Schwierigkeitsgrad: »Selbst wenn man sich furchtbar ärgert, einfach loslachen. So lässt sich die negative Auswirkung von Stress auf die Gefäße möglicherweise abfangen.« (MT, 24.11.00)

Mantras und Rosenkranzbeten bekommen Herz und Seele

Auch wenn Sie nicht an Gott glauben, können Gebete Ihre Gesundheit verbessern – das jedenfalls behauptet die Zeitschrift »British Medical Journal« (22. Dezember 2001). Luciano Bernardi von der Universität Padua in Italien untersuchte den Atemrhythmus von 23 Erwachsenen, die entweder den lateinischen Rosenkranz beteten oder Mantras vor sich hin sprachen, und stellte fest, dass sich während des Gebets und auch beim Sprechen der Mantras die Atmung verlangsamte. Dies führt, das ist allgemein bekannt, zur Entspannung des Organismus, senkt den Blutdruck und wirkt sich günstig auf das Herz-Kreislauf-System aus. Interessant ist in diesem Zusammenhang, dass zwei scheinbar völlig verschiedene kulturelle Praktiken zu den gleichen positiven Auswirkungen auf die Gesundheit führen. Bernardi und seine Mitarbeiter nehmen an, dass der Rosenkranz und die Mantras ähnliche Ursprünge haben. Der Rosenkranz wurde von den Kreuzrittern eingeführt, die wahrscheinlich ähnliche Techniken den Arabern abgeschaut hatten. Diese wiederum lernten von den indischen und tibetischen Yogameistern.

Zufriedene Nonnen leben länger

Möglicherweise trägt auch eine entsprechende geistige Haltung und Zufriedenheit dazu bei, den Stresshormonspiegel niedrig zu halten und so das Leben zu verlängern. Vor mehr als 60 Jahren schrieben 180 junge katholische, amerikanische Nonnen ihre Einstellung zum Leben nieder. Ausgewertet wurden diese Daten 2001 von den Wissenschaftlern Deborah Danner und David Snowdon von der Universität Kentucky in Lexington. Das Ergebnis überraschte die Fachwelt: Nonnen, die 1930, im Alter von durchschnittlich 22 Jahren, zufrieden mit ihrem Leben waren und eine positive Lebenseinstellung hatten, lebten etwa sieben Jahre länger als ihre pessimistischen Mitschwestern. Das Ergebnis ist auch insofern sehr interessant, da durch den sehr ähnlichen Alltag der Ordensschwestern andere Einflüsse auf die Lebenserwartung weitgehend ausgeschlossen werden konnten.

Oscarpreisträger müsste man sein

Es kann angenommen werden, dass Personen, denen ihre Mitmenschen Anerkennung und Achtung entgegenbringen, zufriedener mit ihrem Leben sind und deshalb auch weniger Stressreaktionen zeigen als solche, denen diese Anerkennung nicht widerfährt. Dass aber diese Wertschätzungen durch die Umwelt sogar lebensverlängernd sein können, haben kanadische Wissenschaftler erst kürzlich festgestellt. Sie untersuchten die Lebenserwartung von 762 Schauspielerinnen und Schauspielern, die in ihrem Leben einen Oscar gewonnen oder zumindest dafür nominiert worden waren, und verglichen sie mit 887 Personen, die in denselben Filmen mitgewirkt hatten und nicht für einen Preis nominiert worden waren. Das Resultat überraschte die Wissenschaftler: Die Oscarpreisträger hatten im Durchschnitt eine um fast vier Jahre höhere Lebenserwartung als die Schauspieler, die keinen Preis erhielten oder »nur« nominiert worden waren (Redelmeier, Singh 2001).

Freunde sind der beste Jungbrunnen

Auch sozialer Rückhalt, gute Freunde und der regelmäßige Kontakt zu Gleichgesinnten scheint eine wichtige »Stressbremse« zu sein. Dean Ornish (1992) berichtet über zwei Studien (Alameda-County-Studie und Nord-Karelia-Studie), im Rahmen deren 20000 Menschen über einen längeren Zeitraum beobachtet wurden. Das Ergebnis: Wer mit anderen Menschen regelmäßig freundschaftliche Kontakte pflegte, der hatte ein bis zu dreimal geringeres Risiko, vorzeitig zu sterben, als Personen, die in sozialer Isolation lebten oder sich isoliert fühlten. Dabei, so scheint es, kommt es weniger auf die Zahl der Be-

kannten, sondern mehr auf die Qualität der Beziehungen an. Oberflächliche Bekanntschaften scheinen das Gefühl der Vereinsamung noch zu verstärken.
Vor einiger Zeit hat die Medizinalverwaltung Finnlands eine Studie veröffentlicht, aus der hervorgeht, dass gläubige Menschen seltener erkranken und länger leben als nicht an religiöse Gemeinschaften gebundene Personen. Ursache für die bessere Gesundheit der gläubigen Finnen sollen auf der einen Seite der gesündere Lebenswandel, auf der anderen Seite aber die soziale Eingebundenheit in die Religionsgemeinschaft sein. Diese Feststellung trifft aber nicht auf Personen zu, die sehr strengen und rigiden Glaubensgemeinschaften angehören. Auch Vereine erfüllen oft eine jung erhaltende Sozialfunktion. Wer Freundschaften pflegt, sich in Vereinen oder religiösen Glaubensgemeinschaften integriert fühlt, bleibt in jedem Alter aktiv, hat keine Langeweile und wird über kleine und große Ereignisse ständig informiert. Das Gefühl, alt und nutzlos zu sein, kann gar nicht erst aufkommen. Diskussionen und Unternehmungen mit Freunden und Bekannten können ein wahrer Jungbrunnen sein.

Die Empfehlungen für die richtige Entspannung

Wenn Sie beruflich oder im Privatleben unter Dauerstress stehen, sich ständig müde und ausgelaugt fühlen, hat der Stress bei Ihnen bereits Ausmaße angenommen, die auf Dauer Ihrer Gesundheit schaden können, Ihre Leistungsfähigkeit mindern und Sie auch schneller altern lassen. In unserem Buch »Vom Glück der Faulheit« sind wir ausführlich auf Möglichkeiten, den Berufsstress zu minimieren, eingegangen. Wir sind auch heute

noch der Meinung, dass diese wichtige Bestandteile der Stressbewältigung sind.
Doch es gibt noch zahlreiche weitere Möglichkeiten, den Stress zu bekämpfen. Unserer Erfahrung nach sind dabei oft die einfachsten Methoden die wirkungsvollsten. Jeder weiß, dass die Umgebung einen entscheidenden Einfluss auf unsere Psyche nimmt.

Ruheinseln im Alltag

Im Rahmen unserer Vorträge kommen wir immer wieder mit den Zuhörern ins Gespräch und erfahren auf diese Weise, wie sie den Alltag bewältigen. Wir erinnern uns an eine Frau, mit der wir uns längere Zeit unterhielten. Sie sah glücklich und zufrieden aus und bestätigte dies auch. »Aber«, fügte sie hinzu, »das war nicht immer so. Vor zwei Jahren habe ich plötzlich meinen Mann verloren. Ich war danach vollkommen verzweifelt, lag nachts wach im Bett und wusste nicht, wie es weitergehen sollte. Alle Bekannten gaben mir gut gemeinte Ratschläge, die meine Verzweiflung aber nur noch stärker werden ließen. Ich zog mich zurück und wollte keinen Menschen mehr sehen. Nach einem Einkauf in der Stadt ging ich ohne besondere Absicht in eine Kirche. Ich war zu dieser Zeit der einzige Besucher. Die Stille, die in dieser Kirche herrschte, überraschte mich. Ich setzte mich in eine Bank, betrachtete die Bilder und Figuren an den Wänden und dachte erstmals nach dem Tode meines Mannes über das Geschehene und über mein zukünftiges Leben in aller Ruhe nach. Nach etwa einer Viertelstunde des ruhigen und ungestörten Nachdenkens verließ ich die Kirche wieder. Ich war erstmals etwas ruhiger und entspannter als in den Monaten zuvor. Seit dieser Zeit gehe ich bei jedem

Stadtbesuch für einige Minuten in diese Kirche. Ich setze mich hin, lass die Stille auf mich einwirken und ordne mein Leben. Obwohl ich kein besonders religiöser Mensch bin, haben mir die regelmäßigen Ruheminuten in der Kirche geholfen, Zukunftsängste abzubauen und die Welt wieder mit anderen Augen zu sehen.«
Diese Frau hat durch Zufall eine wirkungsvolle Möglichkeit entdeckt, Sorgen und Ängste durch Nachdenken in der Stille zu minimieren. Orte der Ruhe, die man in der Mittagspause, nach der Arbeit oder auch zu jedem anderen Zeitpunkt aufsuchen kann, sind nicht nur Kirchen, sondern auch Stadtparks, Gärten oder angrenzende Waldstücke. Wenn Sie an diesen Plätzen Stress abbauen und zur Ruhe kommen wollen, ist es ratsam, dies alleine zu tun und sich durch nichts ablenken zu lassen. Wer regelmäßig gezielt diese Ruheinseln für kurze Zeit aufsucht, wird auch im Alltag schon bald die positiven Effekte feststellen.

Blauer Teppich gegen den cholerischen Chef

Wichtig für Entspannung und Stressminimierung ist aber auch die richtige Gestaltung der Lebensumwelt. Sie kann viel zu Ihrem Wohlbefinden beitragen. Psychologen wissen schon lange, dass Farben unser Befinden beeinflussen und je nach gewähltem Ton anregend, aufregend oder entspannend wirken. Die Farbe »Rot« lässt den Blutdruck ansteigen, beschleunigt den Puls und aktiviert die Adrenalinproduktion. Die gleichen körperlichen Reaktionen treten auch bei Stress auf. Deshalb verstärkt die Farbe Rot die Stressreaktionen. Personen, die sich lange Zeit in rot gestrichenen Räumen aufhalten, können dadurch aggressiv werden. Das Gegenteil bewirkt die blaue Far-

be. Blau wirkt beruhigend und ausgleichend auf die Psyche, vermittelt einen Eindruck der Stille, wirkt entspannend, lässt Blutdruck und Puls absinken. Eine ähnlich günstige Wirkung auf das Stressgeschehen wie die Farbe Blau hat die Farbe Grün. Sie wirkt emotional ausgleichend, wirkt entspannend und unterstützt konzentriertes Arbeiten.
Um die entspannende Wirkung der Farben in den Alltag einzubauen, müssen Sie nicht gleich die Wohnung oder das Büro renovieren. Schon einzelne Farbinseln können zur Entspannung beitragen: Ein grünes Tischtuch, eine blaue Schreibtischunterlage, Bilder in diesen Farbtönen oder Grünpflanzen bringen Ruhe in den Alltag.

Die Musik für Ihr Wohlbefinden

Wiegenlieder sind in fast allen Kulturen bekannt. Naturvölker versetzen sich durch monotone Rhythmen in Trancezustände, Kinder werden in den Schlaf gesungen, und im Supermarkt sorgt Musik für eine entspannte Einkaufsatmosphäre. Dass Musik ein fantastisches Mittel zur Entspannung ist und auch die Leistungsfähigkeit fördern kann, ist lange bekannt. Die Wirkung von Musik auf Psyche und Organismus ist eingehend untersucht worden. Vor allem regelmäßige Körperrhythmen wie Atmung, Herzschlag und Gehirnwellen passen sich der vorgegebenen Musikgeschwindigkeit an. Doch auch das Hormonsystem, der Blutdruck und das Immunsystem lassen sich durch die richtigen Musikstücke positiv beeinflussen. Untersuchungen haben gezeigt, dass vor allem Musikstücke, deren Tempo etwas langsamer als der Herzschlag ist, beruhigend und entspannend wirken. Vor allem durch Musikstücke in »Largo« lässt sich recht schnell eine messbare Entspannung erreichen.

Musikstücke, die zur Entspannung besonders geeignet sind:

Pink Floyd:
Wish you were here

Kitaro:
1. Oasis
2. Ki

Eric Satie:
Gymnopedie No. 3

Franz Schubert:
Sinfonie Nr. 8 in h-Moll (»Die Unvollendete«)

Wolfgang Amadeus Mozart:
Eine kleine Nachtmusik

Johann Sebastian Bach:
1. Largo aus Konzert für Klavier und Streichorchester Nr. 5 in f-moll nach BWV (Bachwerkverzeichnis) 1056
2. Largo aus dem Flötenkonzert in g-Moll nach BWV 1056
3. Aria zu den Goldberg-Variationen, BWV 988 (Cembalo)

Georg Friedrich Händel:
1. Alle langsamen Sätze aus concerti grossi op. 6, Nr. 112
2. Largo aus Konzert Nr. 3 in D-Dur (Feuerwerksmusik)

Antonio Vivaldi:
1. Largo aus »Winter« – Die vier Jahreszeiten
2. Largo aus Konzert in D-Dur für Gitarre, Streicher und Basso continuo

Frédéric Chopin:
Nocturnes

Aromatologie – mit Düften die Stimmung beeinflussen

Düfte und Gerüche können unsere Gefühlslage beeinflussen, denn sie gelangen über die Riechnerven direkt ins limbische System, einen Teil des Gehirns, das für Emotionen und Gefühle zuständig ist. Durch Düfte werden Nervenbotenstoffe freigesetzt, die bestimmte Gefühle hervorrufen können. Wahrscheinlich lässt sich auch das Hormonsystem durch entsprechende Düfte beeinflussen. Ähnlich wie Farben können deshalb auch Düfte beruhigend, aktivierend, anregend oder schlaffördernd wirken. Das Interessante an den Düften ist: Sie beeinflussen nicht nur Ihre Stimmungslage, sondern wirken auch auf alle Personen in Ihrer Umgebung auf ähnliche Weise. Integrieren Sie deshalb Düfte je nach Stimmungslage in Ihren Alltag. Dadurch wird es Ihnen und Ihren Mitmenschen leichter fallen, zu entspannen und Stress abzubauen. Sie können mit der richtigen Duftauswahl aber auch Ihre geistige Leistungsfähigkeit steigern und die Stimmung verbessern. Die Wirkung der Düfte kann sich in einer Duftlampe entfalten, Sie können aber auch ein paar Tropfen Öl dem Badewasser zusetzen oder in ein Körperöl mischen. Achten Sie aber bei der Verwendung als Badezusatz oder Körperöl darauf, dass es sich um natürliche Duftöle handelt. Als entspannende Badezusätze können Sie alternativ auch Kräuteraufgüsse verwenden.

Entspannende Aromen

Diese Düfte beeinflussen besonders stark unsere Gefühle und Empfindungen:

Düfte für Entspannung und Stressabbau:
Bergamotte, Kamille, Lavendel, Orange, Rosenöl, Neroli

Düfte zur Stimmungsaufhellung:
Grapefruit, Jasmin, Rosenöl, Zitronengras

Düfte zur Steigerung der geistigen Leistungsfähigkeit:
Holzartige Düfte, Pfefferminze, Rosmarin, Zitrone

Entspannung aus der Wanne

Besonders gut kann sich die Wirkung entspannender Kräuter und Düfte in Kombination mit einem warmen Bad entfalten. Warmes bzw. heißes Wasser ist bereits alleine ein gutes Mittel gegen Stress. Bei Stress verengen sich nämlich die Blutgefäße, Hände und Füße werden kalt. Das Blut rast durch die engen Gefäße mit erhöhtem Druck. Warmes Wasser beseitigt die typischen Stress-Symptome, der Blutdruck normalisiert sich, die Hände werden wieder warm und der Kopf klar. Ein warmes Bad mit duftenden Zusätzen ist deshalb ein wunderbares Mittel gegen Stress. Auf die kalte Dusche sollten Sie in angespannten Situationen besser verzichten. Kaltes Wasser wirkt als Stressfaktor und kann sogar typische Stress-Symptome einschließlich einer vermehrten Cortisolausschüttung bewirken.

Wellness im heimischen Badezimmer

Diese Badezusätze üben nachweislich eine entspannende und beruhigende Wirkung auf Geist und Körper aus. Die Badetemperatur der Kräuterbäder sollte 37 bis 39 Grad betragen, die Badedauer bei 15 bis 20 Minuten liegen.

Melissenbad:
100 g Melissenblätter mit 1–2 Litern kochendem Wasser übergießen und 20–30 Min. ziehen lassen. Durch ein Sieb abgießen und dem Badewasser zugeben.

Lavendelbad:
100 g Lavendelblätter in 2 Liter kaltes Wasser geben und aufkochen. 20 Min. ziehen lassen, abseihen und dem Badewasser zugeben.

Schöne-Träume-Bad:
Jeweils 2 Esslöffel Orangenschalen, Rosenblätter und Majoran mit 4 Esslöffeln Lavendelblüten und 4 gemahlenen oder zerstoßenen Nelken vermischen. Mit einem Liter kochendem Wasser übergießen, 15 Minuten ziehen lassen, absieben und ins Badewasser geben.

Energiequelle Mittagsschlaf

Zum Stressabbau eignet sich auch ein kurzer Mittagsschlaf, der oft in seiner Bedeutung unterschätzt wird. Von dem ehemaligen englischen Premierminister Winston Churchill, der immerhin 91 Jahre alt wurde, ist bekannt, dass er regelmäßig einen ausgedehnten Mittagsschlaf hielt. Auch in südlichen Ländern gehört die Siesta zum Tagesablauf. Ein kurzer Mittagsschlaf verbessert die Gehirnfunktion, steigert nachweislich die Leistungsfähigkeit und reduziert die Stressbelastung. Im Schlaf bilden die Nebennieren weniger Stresshormone. Der Blutdruck sinkt während des kurzen Schlafs auf seinen Normalwert ab, der in der Regel unter 140/90 mm Hg liegen sollte. Schon nach etwa zehn Minuten Entspannung nimmt der Sauerstoffverbrauch ab, die Atmung verlangsamt sich. Die Atemfrequenz sinkt von 40 Atemzügen im Stress auf zwölf im Schlaf ab. Bereits nach einer halbstündigen Ruhepause erreicht die Herzfrequenz den Ruhewert. Mittagsschläfer sind demnach auf Dauer tatsächlich gesünder und leistungsfähiger als Menschen, die scheinbar mit wenig Schlaf auskommen.

Chronischer Schlafmangel kann offensichtlich sogar das Leben verkürzen und zahlreiche Stress- und Alterskrankheiten begünstigen (Hille 2001, Brody 2000). Wie schädlich chronischer Schlafmangel sein kann, zeigt eine in der Fachwelt viel beachtete Arbeit des Forscherteams um Eve van Cauter von der University of Chicago, die 1999 in der renommierten Medizinzeitschrift »The Lancet« (Bd. 354) veröffentlicht wurde: Eine Gruppe gesunder, junger Männer wurde in einem Schlaflabor beobachtet. Jede Nacht durften sie nur vier Stunden schlafen. Schon nach einer Woche brachte der Schlafentzug die Hormonregulation und den Stoffwechsel durcheinander. Vor allem das Hormon Insulin, welches normalerweise von der Bauchspeicheldrüse ausgeschüttet wird und uns vor Zuckerkrankheit bewahrt, konnte den Blutzuckerspiegel nicht mehr richtig regulieren. Innerhalb einer Woche hatte der Schlafentzug die Männer in einen Zustand gebracht, der sonst nur bei alten Menschen oder in einem frühen Stadium der Zuckerkrankheit auftritt. Aufgrund der Studiendaten vermutet van Cauter, dass durch chronischen Schlafmangel Alterskrankheiten wie Zuckerkrankheit, Übergewicht, hoher Blutdruck und Gedächtnisstörungen hervorgerufen oder verschlimmert werden können. Für Ratten ist chronischer Schlafentzug sogar tödlich, denn schon nach kurzer Zeit führen die fehlenden Ruhephasen zu einem Zusammenbruch des Immunsystems.

Schlafen Sie sich schlau

Möglicherweise hat Ihnen Ihre Großmutter öfters geraten, vor einer Prüfung den Lernstoff im Bett noch einmal durchzulesen und dann das Buch unters Kopfkissen zu legen. Wahrscheinlich hatten Sie den Eindruck, dass diese Methode besonders effektiv war. Möglicherweise machten Sie sich als Kind Gedanken darüber, wie die Vokabeln nachts den Weg aus dem Buch in Ihr Gehirn fanden. Der Rat, über eine wichtige Sache erst einmal zu schlafen, wird inzwischen auch wissenschaftlich unterstützt, vor allem, wenn gerade Gelerntes besser im Gedächtnis haften soll. So berichtet Bierach über einen Versuch an der Karl-Marx-Universität in Leipzig, in dessen Verlauf Versuchspersonen eine Reihe zusammenhangloser Silben fehlerfrei erlernen sollten. Acht Stunden später hatten die Versuchspersonen fast 90 Prozent des Gelernten vergessen. Konnten sie jedoch sofort nach dem Lernen schlafen, blieben etwa 56 Prozent der Silben im Gedächtnis haften (Bierach 1986).

Wenn es ums Lernen geht, scheint Schlaf nicht gleich Schlaf zu sein. Wichtig ist, dass wir während des Schlafs auch träumen können. In den Träumen verarbeiten wir alle Erlebnisse des Tages, unter anderem auch das Gelernte, und speichern diese fest im Gedächtnis ab. Obwohl wir während der Traumphase kaum Reize von außen wahrnehmen und die Muskeln ganz schlaff sind, arbeitet das Gehirn auf Hochtouren. Nachts ist die ideale »Tageszeit«, um Neues zu lernen.

Die Wissenschaftler Avi Karni und Dov Sagi (Karni, Sagi 1994), zeigten Testpersonen auf einem Bildschirm verschiedene Muster. Danach durften sie schlafen. Wurden sie nun während der Traumphase geweckt, konnten sich die Versuchspersonen fast keines der Muster merken. Durften die Versuchspersonen aber die Traumphase durchschlafen, blieb bedeutend mehr hängen. Das legt den Schluss nahe, dass Träume notwendig sind, um Gelerntes im Gedächtnis zu verankern. Wenn Sie das Gefühl haben, Ihr Gedächtnis sei schlechter geworden, sollten Sie sich einfach für eine andere Lernzeit entscheiden: Abends lernen und gleich danach schlafen verjüngt das Gedächtnis vielleicht um Jahre.

Die fünf wichtigsten Tipps für die »Langlebigkeits-Entspannung«

Machen Sie Ihren Arbeitsplatz zu einer Oase der Ruhe

Nicht jeder Arbeitsplatz ist ein Ort der Entspannung, doch mit ein paar Tricks lässt sich selbst in ein hektisches Büro mehr Ruhe bringen. Blaue und grüne Farbtupfer reduzieren nachweislich Stressreaktionen, Rot bewirkt das Gegenteil. Auch Düfte, Aquarien, Naturgeräusche und bestimmte Musikstücke wirken beruhigend und psychisch ausgleichend. Machen Sie Ihren Arbeitsplatz zu einer Oase der Ruhe.

Werden Sie zum Langschläfer

Schlaf ist ein ganz wichtiger Jungbrunnen. In der Nacht läuft die Produktion der verjüngenden Hormone Melatonin und Wachstumshormon auf Hochtouren (siehe Kapitel 6). Der Stresshormonspiegel sinkt auf ein Minimum ab. Während wir träumen, erhält auch unser Gedächtnis eine Verjüngungskur, am Tag Gelerntes kann im Schlaf gespeichert werden. Außerdem hat man herausgefunden, dass Menschen und Tiere, die viel schlafen, meist älter werden. Halten Sie deshalb täglich, wenn möglich – einen kurzen Mittagsschlaf, und schlafen Sie nachts mindestens acht Stunden.

Pflegen Sie Ihre Freundschaften

Es ist nicht immer einfach, genug Zeit für Freunde und Familie zu reservieren. Doch es kann sich lohnen: Ihre Lebenserwartung steigt. Freunde und soziale Kontakte scheinen wichtige »Stressbremsen« zu sein. Mehrere Untersuchungen konnten zeigen: Wer mit anderen Menschen regelmäßig freundschaftliche Kontakte pflegte, der hatte ein bis zu dreimal geringeres Risiko, vorzeitig zu sterben, als Personen, die in sozialer Isolation lebten oder sich isoliert fühlten. Treffen Sie sich deshalb mindestens einmal pro Woche mit Menschen, die Ihnen etwas bedeuten.

Nutzen Sie Ruheinseln im Alltag

Man muss kein Entspannungstraining beherrschen, um im Alltag abschalten zu können. Wichtig ist es aber, eine Umgebung aufzusuchen, die Ruhe ausstrahlt. Das kann ein Park, eine Kirche oder ein einsamer Waldweg sein. Schon ein 15-minütiger Aufenthalt in diesen Ruheinseln trägt zur Ruhe und Entspannung bei. Wenn Sie Entspannung benötigen und es die Situation erlaubt, suchen Sie deshalb für kurze Zeit eine der genannten Ruheinseln auf.

Suchen Sie nach Wohlbefinden im heimischen Badezimmer

Ein warmes Bad oder eine heiße Dusche können körperliche Stressreaktionen wie Cortisolausschüttung, verengte Gefäße, kalte Hände und erhöhten Blutdruck beseitigen. Bestimmte Kräuter und Düfte erhöhen noch den Entspannungseffekt. Gönnen Sie sich, wann immer Sie möchten, Entspannungsbäder.

5. KAPITEL

In diesem Kapitel erfahren Sie,

- warum man nicht fünfmal täglich essen sollte
- wie wichtig »sekundäre Pflanzenstoffe« für die Gesundheit sind
- welche Nahrungsmittel zu welcher Tageszeit verzehrt werden sollten
- weshalb Fasten lebensverlängernd wirkt
- warum Sie den »glykämischen Index« beachten sollten

Die Kunst der richtigen Ernährung

»Wir leben nicht, um zu essen;
wir essen, um zu leben.«
Sokrates (um 470–399 v. Chr.)

Mit dem »richtigen Treibstoff« die 100-Jahre-Schallmauer durchbrechen

Jedem Autofahrer ist klar, dass sein Fahrzeug mit hochwertigen Motorölen und dem richtigen Treibstoff besser fährt und länger hält als mit minderwertigen, verschmutzten oder ungeeigneten Produkten. Kein Tierbesitzer würde bestreiten, dass Aussehen und Gesundheitszustand seiner »Lieblinge« ganz entscheidend vom Futter abhängen. Was für technisches Gerät und Tiere zutrifft, gilt umso mehr auch für uns Menschen. Schon Ludwig Feuerbach hat gesagt: »Der Mensch ist, was er isst.« Dieser Satz hat auch heute noch Gültigkeit. Die richtige Ernährung kann unsere Jugend erhalten. Eine falsche Ernährung beeinträchtigt nicht nur unsere Gesundheit, sondern schränkt auch unsere Leistungsfähigkeit ein und lässt uns körperlich und geistig schneller altern.

Das Ernährungsgeheimnis von Okinawa

Auf der Pazifikinsel Okinawa, einem subtropischen Eiland, etwa 400 Seemeilen von Japan entfernt, gibt es 40-mal mehr 100-Jährige als in anderen Teilen Japans. Das Durchschnittsalter der Frauen beträgt hier über 90 Jahre. Was ist das Ge-

heimrezept der Bewohner? Sicher tragen der entspannte Lebensstil, der enge Familienzusammenhalt und das milde Klima zur Langlebigkeit bei. Viel Beachtung findet aber immer wieder die typische Ernährung der Inselbewohner. »Ishokudogen«, was so viel bedeutet wie »jedes Essen ist Medizin«, ist ein Grundsatz, der für die Auswahl und Zubereitung der Speisen gilt. Die Tradition der ausgewogenen Ernährungsweise wird von Generation zu Generation weitergegeben. Die Insulaner ernähren sich vor allem von Fisch, Gemüse, Kräutern, verschiedenen Algenarten und Sojaprodukten, und – das ist vielleicht der wichtigste Aspekt – sie nehmen rund ein Drittel weniger Kalorien zu sich als der »Durchschnittsjapaner«.
Eine jahrelange Über- und Fehlernährung wird von den meisten Ernährungswissenschaftlern als einer der wichtigsten Alterungsgründe betrachtet. Bekannt ist, dass zahlreiche typische Alterskrankheiten ernährungsabhängig sind. Zuckerkrankheit (Diabetes mellitus), Bluthochdruck (Hypertonie), Arterienverkalkung (Arteriosklerose), Herzinfarkt, Schlaganfall, Schäden an Wirbelsäule und Gelenken sind nur einige Erkrankungen, die durch Übergewicht und falsche Ernährung entstehen. Auch die Alternstheorien bestätigen, dass eine falsche Ernährung den Alterungsprozess beschleunigt.

Apfel oder Birne?

Doch es kommt nicht nur auf das Gewicht, sondern auch auf die Verteilung der Pfunde an, denn Übergewicht ist offensichtlich nicht gleich Übergewicht. Ob die Pölsterchen mehr oder weniger gefährlich sind, hängt nämlich auch von der Fettverteilung ab. Je nachdem, an welchen Stellen das Fett am Körper platziert ist, kann man unterscheiden zwischen der so genann-

ten »Apfelform«, bei der sich die Pölsterchen vor allem am Bauch ablagern, und der »Birnenform«, bei der das Fettgewebe überwiegend an den Hüften, am Po und den Oberschenkeln stärker ausgebildet ist.
In der Regel neigen Männer eher zur Apfelform, dem typischen »Bierbauch« oder »Rettungsring«, bei Frauen ist der »Birnentypus« häufiger. Offensichtlich ist der Männerbauch für die Gesundheit viel riskanter als die typische weibliche Fettverteilung. Je weiter oben am Körper sich das Fett ansammelt, desto größer scheint das Risiko für Herz-Kreislauf-Erkrankung, Zuckerkrankheit oder Bluthochdruck zu sein. Bei übergewichtigen »Apfelmenschen« wurden bei gleicher Körpermasse höhere Blutzucker- und Blutfettwerte gemessen als bei »Birnenmenschen«. Die Fettzellen am Bauch geben ihren Inhalt nämlich ständig in die Blutbahn ab. Das Blutfett wird im Blutstrom in Form von Cholesterin transportiert – dadurch steigt der Cholesterinspiegel an, das Risiko für Gefäßverkalkungen nimmt zu. Die Fettdepots um die Hüften und an den Beinen sind hingegen für die Gesundheit weniger kritisch, da hier das Fett für »schlechte Zeiten« gespeichert wird und die Fettzellen nicht ständig Nachschub in die Blutbahn liefern.
Meist reicht ein kritischer Blick in den Spiegel, um festzustellen, zu welcher »Obstsorte« man selber gehört. Wer sich unsicher ist, kann die WHR (Waist/Hip Ratio) – den Quotienten aus Taillen- und Hüftumfang – heranziehen. Beträgt dieser Wert bei Männern nicht mehr als 1 und liegt er bei Frauen nicht über 0,8, besteht keine akute Gefahr für die Gesundheit.

Die sechs Regeln der Langlebigkeits-Ernährung

Sehr viele weit verbreitete Ernährungsempfehlungen sind offensichtlich weder unserer Gesundheit zuträglich, noch ver-

helfen sie zu einem langen Leben. Gefährliche Alterungsbeschleuniger sind vor allem zu häufige Mahlzeiten, eine zu kalorien- und kohlenhydratreiche und vitaminarme Ernährung. Die meisten leistungsfähigen älteren Menschen haben sich anders ernährt. Wir haben für Sie sechs leicht einzuhaltende Ernährungsregeln zusammengestellt, die Sie lange gesund erhalten und auch Ihr Leben verlängern können. Diese Regeln ergeben sich aus der Analyse der vorgestellten Theorien über das Altern sowie aus der Lebensweise sehr vieler vitaler Senioren.
Je früher Sie beginnen, sich ausgewogen zu ernähren, Übergewicht zu vermeiden und Fleisch und Wurst zugunsten von Obst und Gemüse zu reduzieren, desto besser sind die Chancen, in jedem Alter optimal fit und leistungsfähig zu sein.

1. Regel: Weniger essen – länger leben: Reduzieren Sie die Kalorienzufuhr.
2. Regel: Verzuckern Sie nicht: Keine stark zuckerhaltigen Nahrungsmittel verzehren, Bevorzugung von Nahrungsmitteln mit niedrigem glykämischen Index (diese finden Sie in der Tabelle auf Seite 92 f.).
3. Regel: Obst und Gemüse bevorzugen: Achten Sie auf einen reichlichen Verzehr pflanzlicher Nahrungsmittel.
4. Regel: Jedes Nahrungsmittel hat seine Tageszeit: Die richtigen Nahrungsmittel zur richtigen Zeit essen.
5. Regel: Drei statt fünf Mahlzeiten: Verzichten Sie auf Snacks und Zwischenmahlzeiten.
6. Regel: Mit Mikronährstoffen gegen Versorgungslücken.

Anmerkung: Diese Empfehlungen gelten natürlich nicht für sehr alte, kranke oder untergewichtige Personen. Auch Kinder und Jugendliche benötigen noch eine etwas andere Ernährung.

1. Regel: Weniger essen – länger leben

Die bisher am besten untersuchte Methode, die bei Säugetieren und auch beim Menschen sowohl das Altern verlangsamen als auch das Leben verlängern kann, ist eine eingeschränkte Kalorienzufuhr. Zahlreiche Untersuchungen belegen diesen Tatbestand.

Bereits in den dreißiger Jahren des vergangenen Jahrhunderts konnte der amerikanische Biologe und Ernährungswissenschaftler Clive M. McCay von der Cornell University das Leben von Laborratten durch eine Einschränkung der Kalorienzufuhr um mehr als 50 Prozent verlängern. Die Ratte, welche das Experiment am längsten überlebte, wurde 1800 Tage alt. Das entspricht einer menschlichen Lebensdauer von etwa 200 Jahren.

Zu einem ähnlichen Ergebnis kam auch der amerikanische Alternsforscher Roy Walford. Während Walford zunächst belächelt wurde, gilt seine CR-Diät (Calorie Restriction, engl. für Kalorien-Reduktion) inzwischen bei zahlreichen anerkannten Wissenschaftlern als heiße Spur auf der Suche nach dem Jungbrunnen. Sowohl durch Studien an Mäusen, Ratten und Affen als auch durch Untersuchungen beim Menschen konnte Walford zahlreiche Hinweise dafür finden, dass weniger essen das Leben verlängern kann. Er propagiert deshalb schmale Kost als Rezept zum Jungbleiben.

Auch der Würzburger Alternsforscher Professor Hans Franke stellte in seinen Untersuchungen über das Essverhalten rüstiger 100-Jähriger fest, dass die meisten vitalen Alten ihr Leben lang mäßige Esser und im Allgemeinen bis auf wenige Ausnahmen schlank gewesen waren. »Die pro Tag zugeführte Kalorienmenge der Uralten (...) schwankt etwa zwischen 1200 und 1900 Kalorien täglich.« Zudem gaben die »fitten Alten« an,

auf blähende, schwere und saure Speisen während ihres ganzen Lebens verzichtet zu haben. (Weitere Hinweise und Untersuchungen zu diesem Thema finden Sie in Axt/Axt-Gadermann: »Vom Glück der Faulheit«.)
Allerdings ist die zu empfehlende Kalorienzufuhr auch abhängig von Körpergröße und Körpergewicht. Das Körpergewicht ist wiederum abhängig von der Kalorienzufuhr und vom Kalorienverbrauch. Wenn Sie lange leben und gesund bleiben möchten, sollten Sie deshalb ein Körpergewicht anstreben, das bei Frauen zwischen einem BMI (Body-Mass-Index) von 19 bis 23 und bei Männern zwischen 21 und 24 liegt. Ihre Werte entnehmen Sie bitte der BMI-Tabelle im Anhang. Sollte Ihr BMI darüber liegen, empfehlen wir Ihnen, Kalorien einzusparen.

Mit Kalorien sparsam umgehen

Wir wissen, dass es für viele sehr schwer ist, die Kalorien von einem Tag auf den anderen zu reduzieren. Doch das ist nach den aktuellen Erkenntnissen über Fasten und Langlebigkeit auch gar nicht nötig. Viele, die sich erfolgreich auf weniger Kalorien eingestellt haben, überlisten ihren Körper mit kleinen Tricks. Das Verlegen der Essenszeiten, kurze Fastenphasen oder das Streichen einzelner Mahlzeiten sind wahrscheinlich genauso effektiv wie eine dauerhafte Kalorienreduktion. Insbesondere sollten Sie, wenn Sie nicht unter einer Zuckerkrankheit oder einer anderen chronischen Erkrankung leiden, darauf achten, dass die Mahlzeiten nicht zu dicht aufeinander folgen. Die verjüngenden Wachstumshormone können nämlich nur dann ausgeschüttet werden, wenn mehrere Stunden nichts gegessen wurde und dadurch der Insulinspiegel abgesunken ist. Auch die Bildung freier Radikale wird durch eine Einschränkung der Kalorienzufuhr reduziert.

Abendessen streichen – jünger werden

Da verjüngende Wachstumshormone vor allem nachts in größerem Umfang produziert werden, ist es besonders wirkungsvoll, wenn Sie nach Möglichkeit zwischen 17 und 18 Uhr die letzte Mahlzeit zu sich nehmen. Danach sollten Sie nur noch zu kalorienfreien Getränken (ungesüßten Kräutertee, Mineralwasser) greifen, denn auch zucker- und alkoholhaltige Getränke erhöhen den Insulinspiegel und verhindern so die Ausschüttung der Wachstumshormone. Gefördert werden kann die Wachstumshormonproduktion auch durch ein frühes Abendessen mit arginin- und ornithinreichen Nahrungsmitteln, da diese Aminosäuren für die Produktion der Wachstumshormone benötigt werden. Besonders reich an diesen wertvollen Aminosäuren sind Sojabohnen, Erdnüsse, Weizenkeime, Haselnüsse, Garnelen, Lammfleisch, Hühnerfleisch und Tunfisch.

Fasten für die Fitness

Gesunde und noch leistungsfähige Senioren geben oft regelmäßiges Fasten als Hauptgrund für ihre Fitness im Alter an – das geht aus zahlreichen Zuschriften unserer Leser hervor. Fasten ist tatsächlich eine sehr wirkungsvolle »Anti-Aging-Maßnahme«. Für die meisten Menschen ist es zudem einfacher, hin und wieder zu fasten, als täglich Kalorien einzusparen. So kann man beispielsweise während der Woche normal essen und am Wochenende einen Fastentag einlegen. Auch dadurch kann die pro Woche aufgenommene Gesamtkalorienzahl verringert werden. Nach diesem Prinzip lebt der amerikanische Alternsforscher Roy Walford schon seit Jahren und fühlt sich wohl dabei. Durch den einen Fastentag kann er sich während der ganzen Woche normal ernähren und spart dennoch Kalorien. Natürlich dürfen Sie – wenn Sie diesen Ratschlag befolgen –

am nächsten Tag die zuvor eingesparten Kalorien nicht zusätzlich verkonsumieren. Wer nach diesem Prinzip ein Jahr lebt, der spart Energie in einem Umfang von 100 000 bis 150 000 Kalorien. Diese Einsparung entspricht etwa siebeneinhalb Wochen Fasten. Anstatt jede Woche einen Tag nichts zu essen, können Sie aber auch viermal jährlich eine Fastenwoche einlegen.

Wenn Sie einen Tag fasten wollen,

- müssen Sie keine besonderen Vorkehrungen treffen. Sie sollten sich lediglich einen Tag ohne Stress aussuchen.
- sollten Sie auf ausreichende Flüssigkeitszufuhr achten. Sie sollten mindestens drei Liter kalorienfreie Flüssigkeit zu sich nehmen. Erlaubt sind Mineralwasser, Kräutertee, grüner Tee und maximal eine Tasse schwarzer Tee. Auf Kaffee sollten Sie an diesem Tag verzichten. Obwohl Kaffee kalorienfrei ist, regt er das Hungergefühl an und erschwert das Fasten.
- fällt Ihnen das Durchhalten möglicherweise leichter, wenn Sie den Tag besonders schön gestalten. Machen Sie einen ausgedehnten Spaziergang, gehen Sie in die Sauna oder planen Sie einen Kino- oder Theaterbesuch ein.

Wenn Sie sich für eine mehrtägige Fastenkur entscheiden,

- wählen Sie den richtigen Zeitpunkt aus. Beruflich oder privat sehr angespannte Phasen sind nicht geeignet. Auch bei akuten Erkrankungen ist strenges Fasten nicht angebracht, bei chronischen Krankheiten sollten Sie zuvor einen Arzt um Rat fragen.
- verzichten Sie auf feste Nahrung.
- trinken Sie mindestens zwei Liter Wasser, Tee, Gemüsebrühe oder Säfte. Trinken Sie mehr, als der Durst verlangt. Den Ablauf einer Fastenwoche finden Sie im Anhang.
- besuchen Sie, wenn Sie es gewöhnt sind, ruhig weiterhin die Sauna. Machen Sie Spaziergänge, aber überanstrengen Sie sich in dieser Zeit nicht.

• ziehen Sie sich dicker an. Die meisten Menschen frieren, wenn sie fasten.

Empfehlungen für die Gestaltung einer Fastenwoche finden Sie im Anhang und in unserem Buch »Die Stufen-Diät« (1. Diätwoche).

Vorsicht bei Gicht und Zuckerkrankheit

Zuckerkranke und Personen mit anderen chronischen Krankheiten sollten Fastentage und Fastenwochen nur nach Rücksprache mit ihrem Arzt durchführen. Wer zu Gicht neigt oder einen erhöhten Harnsäurespiegel aufweist, muss ebenfalls vorsichtig sein. Während des Fastens kann die Harnsäure im Blut ansteigen. Ursache dafür ist der verstärkte Zellabbau. Wer zu erhöhter Harnsäure neigt, muss während des Fastens mindestens 2,5 Liter täglich trinken. Medikamente zur Behandlung erhöhter Harnsäurewerte müssen weiterhin eingenommen werden.

---

2. Regel: Verzuckern Sie nicht

Linus Pauling ist sicher eines der besten Beispiele für ein gesundes und zufriedenes Altern. Immerhin wurde er weit über 90 Jahre alt und war bis kurz vor seinem Tod geistig und körperlich aktiv. Die meisten bringen den Namen des zweifachen Nobelpreisträgers vor allem mit Vitaminen in Megadosen in Verbindung. Was viele nicht wissen: Er legte auch sehr großen Wert auf eine zuckerarme Ernährung. Die Zuckerverbindungen (Kohlenhydrate) in den Nahrungsmitteln können vom Körper unterschiedlich schnell aufgenommen und in Energie umgesetzt werden.

Der glykämische Index beschreibt, wie schnell Zucker aus verschiedenen Lebensmitteln ins Blut gelangt. Je schneller der Zucker aus der Nahrung ins Blut kommt, desto höher ist der glykämische Index der Nahrungsmittel. Diese sind besonders schädlich für den Organismus. Das blutzuckersenkende Hormon Insulin, das gleichzeitig die Bildung von unschönen Fettdepots im Körper fördert, wird bei Genuss von Nahrungsmitteln mit einem hohen glykämischen Index vermehrt ausgeschüttet. Ist der Blutzuckerspiegel häufig oder langfristig erhöht, wird dadurch die Zellalterung sowie eine Schädigung der Augenlinse und der Gelenke begünstigt. Bevorzugen Sie deshalb vor allem Nahrungsmittel mit einem niedrigen glykämischen Index. Wer bisher sehr viel Süßes verzehrt hat, muss sich oft erst an eine zuckerarme Ernährung gewöhnen. Doch spätestens nach einer Woche lässt das Verlangen nach Zucker deutlich nach.

Nahrungsmittel mit *niedrigem* glykämischen Index (empfehlenswert):

Getreideprodukte, Beilagen:
Vollkornprodukte (Vollkornbrot, Vollkorngebäck, Vollkornnudeln), Wildreis, Haferflocken, Müslimischungen ohne Zucker.

Obst und Gemüse:
Grünes Gemüse, Tomaten, Zucchini, Auberginen, die meisten Obstsorten (Äpfel, Beerenobst, Melonen, Orangen), Bohnen, Erbsen.

Fleisch, Fisch:
Alle Fleisch- und Fischarten haben einen niedrigen glykämischen Index. Bevorzugen Sie aber fettarme Fleisch- und Fischsorten.

Milchprodukte:
Ungesüßter Joghurt, Quark, Hüttenkäse.

Getränke:
Ungesüßte Säfte, trockener Wein in Maßen, ungesüßter Tee, Mineralwasser.

Nahrungsmittel mit *hohem* glykämischen Index (weniger empfehlenswert)

Getreideprodukte, Beilagen:
Weißer Reis, Weißmehlprodukte (z. B. Weißbrot), Cornflakes, Kuchen, Müsli mit Zucker.

Obst und Gemüse:
Bananen, Ananas, Rosinen, Datteln, Feigen, Karotten, Mais.

Milchprodukte:
Gesüßte Milchprodukte.

Getränke:
Limonade, gesüßte Säfte, Fruchtnektar, Softdrinks (z. B. Cola), Bier, hochprozentige alkoholische Getränke.

Sonstiges:
Zucker, Honig, Süßigkeiten, Schokolade.

3. Regel: Obst und Gemüse bevorzugen

Es ist bekannt, dass Menschen, die häufig Obst und Gemüse verzehren, wesentlich seltener von Herz-Kreislauf-Erkrankungen und Krebs betroffen sind. Der Einfluss einer vegetarischen Ernährung auf unsere Gesundheit wird seit 1976 auch in einer groß angelegten Vegetarier-Studie des Deutschen Krebsforschungszentrums in Heidelberg erforscht. Die Untersuchung konnte die Ergebnisse anderer internationaler Studien bestätigen. Danach haben Vegetarier ein um 50 Prozent geringeres Risiko, an den so genannten Zivilisationskrankheiten zu versterben. Typische Alterskrankheiten wie Herzinfarkt, Gefäßverkalkung und Krebserkrankungen treten bei einer Ernährung mit einem hohen Anteil pflanzlicher Nahrungsmittel deutlich

seltener auf. Auch der Blutdruck sinkt unter einer fettarmen, aber an Obst und Gemüse reichen Ernährung, gemäß einer Harvardstudie, die der Arzt Thomas J. Moore durchführte.
Doch warum sind Vegetarier scheinbar gesünder? Möglicherweise nehmen sie durch den reichlichen Obst- und Gemüseverzehr sehr viele Schutzstoffe auf, die das Immunsystem stärken und den Organismus vor freien Radikalen schützen. Täglich sind wir mehrere tausend Mal dem Angriff freier Sauerstoffradikale ausgesetzt. Je mehr Energie wir durch falsche Ernährung, Arbeit, Sport, im Stress oder durch Schlafmangel verbrauchen, desto stärker ist dieser so genannte »oxidative Stress« und umso größer ist die Gefahr zu erkranken oder vorzeitig zu altern. Doch unser Organismus verfügt über Schutzmechanismen. Bestimmte Enzyme können einen gewissen Teil der freien Radikale unschädlich machen. Andere Radikalenfänger müssen wir mit der Nahrung aufnehmen. Besonders hoch konzentriert kommen diese Schutzstoffe in den »vegetarischen Nahrungsmitteln« Obst, Gemüse und Getreide vor. Ein Apfel bietet den gleichen Schutz vor freien Radikalen wie ein Gramm Vitamin C.
Doch einen Schwachpunkt hat eine strenge vegetarische Ernährung. Vitamin B_{12} ist darin oft nicht in ausreichender Menge enthalten. In einer taiwanesischen Untersuchung wurden 45 buddhistische Nonnen, die sich lacto-vegetabil ernährten, mit 45 gleichaltrigen Personen verglichen, die auch Fleisch aßen. Die Nonnen nahmen mit ihrer vegetarischen Ernährung zwar normale Mengen Folsäure auf, aber nur 21 Prozent der in Taiwan üblichen Menge an Vitamin B_{12}. Das unterschiedliche Ernährungsverhalten hatte auch Auswirkungen auf verschiedene Blutwerte. Die Vegetarierinnen wiesen im Blut deutlich mehr Folsäure, aber viel weniger Vitamin B_{12} als die Vergleichsprobanden auf. Vom Vitamin B_{12} ist bekannt, dass es Homocys-

tein, einen Risikofaktor für Gefäßverkalkung, im Blut senken kann. Eine gute Vitamin-B_{12}-Quelle ist Fleisch. Durch den Vitamin-B_{12}-Mangel war der Homocysteinspiegel bei den vegetarischen Nonnen leicht erhöht. (Internet: www.Medical-tribune.de) Welche Möglichkeiten es noch gibt, den gefährlichen Homocysteinspiegel zu senken, lesen Sie auf Seite 108 f.
Sie müssen sich also nicht ausschließlich vegetarisch ernähren, um gesund zu bleiben. Allerdings sollten Sie täglich etwa 400 Gramm Gemüse und 300 Gramm Obst zu sich nehmen. Doch die »Ernährungsrealität« sieht leider anders aus: Laut Ernährungsbericht 2000 der Deutschen Gesellschaft für Ernährung (DGE) verzehren Frauen im Durchschnitt nur 148 Gramm Obst und 141 Gramm Gemüse, Männer essen sogar nur 145 Gramm Obst und 137 Gramm Gemüse. Das bedeutet: Wir nehmen durchschnittlich nur knapp die Hälfte der empfohlenen Obstmenge und sogar nur gut ein Drittel der wünschenswerten Gemüseportion zu uns.

Aus dem Schattendasein zum Superstar – die sekundären Pflanzenstoffe

Gesund bleiben und lange leben kann durchaus genussvoll sein. Das beweist eine Untersuchung der renommierten Harvard-Universität in Boston: Ein Glas Rotwein täglich hält das Herz-Kreislauf-System jung und die Gefäße elastisch. »Mäßige Trinker« erkranken nachweislich seltener an Gefäßverkalkung, Herzinfarkt oder Schlaganfall. Eine Untersuchung über den Zusammenhang zwischen Herzinfarkt und Alkoholkonsum kam zu diesem überraschenden Ergebnis: Am häufigsten erkrankten oder starben Personen, die nie Alkohol tranken, an Herzinfarkt oder Schlaganfall. Wer sich hingegen täglich ein bis zwei Gläschen Wein gönnte, konnte dadurch sein Herzinfarktrisiko um

bis zu 50 Prozent senken. Wer allerdings regelmäßig mehr als zwei Gläser Wein trinkt, schädigt damit auf Dauer seine Leber. Wahrscheinlich schützen die in Rotwein enthaltenen »sekundären Pflanzenstoffe« Resveratrol und Polyphenole unsere Adern vor der Verkalkung. Besonders hoch ist die Konzentration der Schutzstoffe in Chianti- und Bordeaux-Weinen.
Doch der Rotweingenuss ist nur ein Beispiel für die schützende Wirkung der sekundären Pflanzenstoffe. Im Alltag haben sicher die in unserer Nahrung vorkommenden sekundären Pflanzenstoffe für uns eine viel größere Bedeutung. Bis vor wenigen Jahren schenkte man diesen so genannten sekundären Pflanzenstoffen (SPS), die vor allem in Gemüse, Obst, Getreide, Hülsenfrüchten, Nüssen, Samen und Kräutern vorkommen, jedoch kaum Beachtung. Doch seit einiger Zeit machen sie mehr und mehr von sich reden. Mittlerweile ist bekannt, dass sie nicht nur für die Pflanzen, sondern auch für den Menschen wichtige Schutzfunktionen ausüben. Die gesundheitsfördernde Wirkung der SPS geht teilweise sogar über die der Vitamine, Mineralien, Spurenelemente und Ballaststoffe hinaus. Von den ca. 30000 verschiedenen Stoffen sind bislang allerdings nur rund 10000 genauer erforscht. Sie schützen den Organismus vor Schäden durch freie Radikale (antioxidative Wirkung), beeinflussen die Abwehrkräfte positiv (immunmodulierende Wirkung), haben teilweise hormonähnliche Funktionen, schützen vor verschiedenen Krankheitserregern (antimikrobielle Wirkung) und Tumoren (antikanzerogen).

Die sekundären Pflanzenstoffe im Überblick

Die meisten der SPS lassen sich in neun Hauptgruppen unterteilen, deren Vorkommen und Wirkung auf die Gesundheit in der Tabelle beschrieben werden.

Sekundäre Pflanzenstoffe (SPS)	Vorkommen	Wirkung	Besonderheiten
Carotinoide	Tomaten, Paprika, Möhren, Spinat, Nektarinen, Aprikosen, rote Grapefruit	Antikanzerogen, antioxidativ, immunmodulierend, Senkung des Cholesterinspiegels	Die Aufnahme der Carotinoide wird durch Kochen, Zerkleinern und durch Zugabe von Öl oder Fett verbessert (Tomatensoße, gekochte Möhren etc.)
Glukosinolate	Senf, Meerrettich, Radieschen, Knoblauch, Kresse, Kohlarten, Brokkoli	Antikanzerogen, antioxidativ, antimikrobiell	Beim Erhitzen geht bis zu 60 % des Glukosinolatgehaltes verloren. Besser: roh verzehren
Phytoöstrogene	Soja, Leinsamen, Vollkornprodukte, Tofu, Hopfen (Bier)	Antikanzerogen, antioxidativ, immunmodulierend	Können nachweislich Wechseljahresbeschwerden mindern und vor Osteoporose schützen
Phytosterine	Sonnenblumenkerne, Sesam, Sojabohnen, Sojaöl,	Senken den Cholesterinspiegel, geringeres Risiko	Öle nur kalt gepresst verwenden

Sekundäre Pflanzenstoffe (SPS)	Vorkommen	Wirkung	Besonderheiten
Phytosterine *(Fortsetzung)*	Nüsse, Weizen, Gerste	von Dickdarmkrebs und Herz-Kreislauf-Erkrankungen	
Polyphenole und Flavonoide	Äpfel, Kirschen, Aprikosen, Beeren, Weintrauben (inkl. Rotwein und Traubensaft), Paprika, Zwiebeln, grüner Tee, geringere Mengen auch in schwarzem Tee	Antioxidativ, antikanzerogen, entzündungshemmend, immunmodulierend	Freilandpflanzen weisen höheren Gehalt auf als Pflanzen aus Gewächshäusern. Bei den Rotweinen enthalten vor allem Chianti und Bordeaux diese SPS in hoher Konzentration. Weißwein enthält nur geringe Mengen Polyphenole
Protease-inhibitoren	Soja, Erbsen, Kartoffeln, Hafer, Vollreis	Antikanzerogen, antioxidativ	
Saponine	Soja, Erbsen, Bohnen, Linsen, Hafer, Gerste, Spinat, Spargel, Knoblauch,	Antikanzerogen, antimikrobiell, immunmodulierend, senken den	Saponine in Lakritze können in großen Mengen den Blutdruck erhöhen

Sekundäre Pflanzenstoffe (SPS)	Vorkommen	Wirkung	Besonderheiten
Saponine *(Fortsetzung)*	Zwiebeln, Holunderblüten, Lakritze	Cholesterinspiegel	und den Testosteronspiegel senken
Sulfide	Zwiebeln, Knoblauch, Lauch, Schnittlauch, Grünkohl, Brokkoli	Antikanzerogen, antioxidativ, antimikrobiell, immunmodulierend, entzündungshemmend	Gemüse möglichst frisch und roh verzehren
Terpene	Pfefferminz, Kümmel, Limonen, Zitronen, Orangen, Aprikosen, Weintrauben	Antikanzerogen	Wirkung geht beim Erhitzen verloren

Ernährungsempfehlungen für sekundäre Pflanzenstoffe

Um eine optimale Versorgung mit den altersverzögernden sekundären Pflanzenstoffen sicherzustellen, sollte Ihre tägliche Nahrung bestehen aus:

• Mindestens 400 g Gemüse, davon die Hälfte roh, die andere Hälfte gekocht. Gekocht werden sollten vor allem Karotten und Tomaten, da so einige Vitamine besser aufgenommen werden können. Betakarotin, eine Vitamin-A-Vorstufe, können wir aus rohen Karotten nur zu etwa neun Prozent aufnehmen, da die Zellwände des rohen Gemüses so fest sind, dass die Vitalstoffe nicht ausreichend freigesetzt werden können. Bei gekochten Möhren hingegen können wir das wichtige Karotin fast vollständig verwerten. Ähnlich steht es mit Tomaten, deshalb dürfen Sie auch Tomatensoße in Ihre Berechnungen mit einbeziehen. Wählen Sie die Gemüsesorten der Jahreszeit entsprechend aus.

- Mindestens 300 Gramm gemischtes Obst. Wählen Sie auch die Obstsorten der Jahreszeit entsprechend aus. Ein Glas Fruchtsaft können Sie mit 100 Gramm Obst anrechnen. Allerdings kann, auch wenn Sie mehr Fruchtsaft trinken, dieser nur einmal täglich angerechnet werden.
- Zur optimalen Aufnahme der sekundären Pflanzenstoffe empfehlen wir Ihnen, möglichst »bunt« zu essen, d.h. täglich gelbes, rotes (oder oranges), grünes und andersfarbiges Obst und Gemüse verzehren – dadurch erhalten Sie viele verschiedene sekundäre Pflanzenstoffe und erhöhen den synergistischen Effekt.
- Trinken Sie täglich mindestens eine Tasse Sojamilch sowie zwei Tassen grünen oder schwarzen Tee.
- Achten Sie bei der Auswahl der Nahrungsmittel auf den glykämischen Index.

Möhren statt Schinken?

Bei pflanzlichen Nahrungsmitteln können Sie ruhig unbesorgt zugreifen. Das zeigt ein Vergleich zwischen häufig bevorzugten »Snacks« (jeweils 100 g) und einer »kalorienidentischen« Menge Obst und Gemüse (vorgetragen auf dem 3. Heidelberger Anti-Aging-Kongress, Dezember 2001). Natürlich möchte man nicht immer den gemütlichen Snack vor dem Fernseher durch den Genuss von 20 Salatgurken ersetzen, dennoch sollte diese Tabelle zum gelegentlichen Nachdenken anregen.

100 g der Snacks haben die gleichen Kalorien wie die angegebenen Obst- und Gemüseportionen		
Erdnüsse	entsprechen	20 Salatgurken
Cracker	entsprechen	50 Tomaten
Chips	entsprechen	150 Radieschen
Schokolade	entsprechen	1,6 kg Erdbeeren
Nougat	entsprechen	2,0 kg Melone
Schinken	entsprechen	1,4 kg Möhren
Salami	entsprechen	2,1 kg Kohlrabi
Emmentaler	entsprechen	2,4 kg Sauerkraut

4. Regel: Jedes Nahrungsmittel hat seine Tageszeit

»Gut gefrühstückt ist halb gearbeitet«, mit diesem Slogan wurde noch vor einigen Jahren für ein opulentes Frühstück geworben. Man war tatsächlich der Meinung, dass Speck, Eier und Wurst eine gute Grundlage für den Start in den Arbeitstag wären. Heute wissen wir, dass solche Empfehlungen falsch sind. Für die meisten Menschen hat sich aber an ihrem Ernährungsverhalten bis heute kaum etwas geändert. Um das bestätigt zu finden, müssen Sie nur einmal in einem gut geführten Stadthotel frühstücken. Sie treffen dort Menschen, die mit einem Frühstück, das einen Schwerarbeiter einen ganzen Tag mit Kalorien versorgen könnte, in den Büroalltag starten. Dabei spielt für Langlebigkeit, Gesundheit und Leistungsfähigkeit nicht nur die Auswahl der Nahrungsmittel, sondern auch der Zeitpunkt, zu

dem sie verzehrt werden, eine wichtige Rolle. Unsere Nahrung setzt sich aus den drei Bestandteilen Kohlenhydrate, Proteine (Eiweiß) und Fett zusammen. Besonders wichtig ist die richtige Verteilung dieser Nahrungsbestandteile über den Tag.
Morgens darf das Frühstück durchaus kohlenhydratreich sein (beachten Sie bei der Auswahl aber den glykämischen Index), denn diese Nahrungsbestandteile lassen den Spiegel des Glückshormons Serotonin, der in der Nacht stark abgesunken ist, rasch wieder ansteigen. Serotonin macht Sie leistungsfähig und zufrieden.
Mittags sollten Sie eine leichte Mahlzeit mit reichlich Obst, Gemüse, evtl. einen mit Pflanzenölen angemachten Salat, leicht verdauliche kohlenhydrathaltige Nahrungsmittel sowie Nahrungsmittel mit pflanzlichem Eiweiß verzehren. Diese machen nicht müde und verhindern so das nachmittägliche Tief.
Abends müssen Sie auf eine ausreichende Zufuhr eiweißhaltiger Nahrungsmittel achten. Diese enthalten die Aminosäuren Arginin, Ornithin und Lysin, welche für die Produktion des verjüngenden Wachstumshormons (STH) benötigt werden. Auf Kohlenhydrate verzichten Sie abends besser, denn diese verhindern die Wachstumshormonausschüttung in der Nacht. Sie können aber einen Salat mit Olivenöl oder etwas Gemüse als Beilage essen. Die Abendmahlzeit sollten Sie möglichst schon zwischen 17.00 und 18.00 Uhr einnehmen.

Die richtigen Nahrungsmittel im Tagesablauf

Morgens: Kohlenhydrate mit niedrigem glykämischen Index:
Vollkornprodukte (Vollkornbrot, Vollkorngebäck), Haferflocken, Müslimischungen ohne Zucker, Obstsorten wie Äpfel, Beerenobst, Melonen, Orangen, ungesüßter Joghurt, Quark, Hüttenkäse, ungesüßte Säfte, ungesüßter Tee, Mineralwasser.

Mittags: Obst, Gemüse, Salat mit pflanzlichen Ölen, leicht verdauliche Kohlenhydrate und pflanzliches Eiweiß:
Vollkornprodukte (Vollkornbrot, Vollkorngebäck), Wildreis, Vollkornnudeln, Salat und Gemüse, Obst, Tofu, Hülsenfrüchte, ungesüßte Säfte, trockener Wein in Maßen, ungesüßter Tee, Mineralwasser.

Abends: eiweißreiche Nahrungsmittel:
Hühnerfleisch, Fisch, vor allem Tunfisch, Rindfleisch, Garnelen, Lammfleisch, Sojabohnen, Weizenkeime, Erdnüsse, Haselnüsse, Eier. Als Beilage können Sie verschiedene Salate, die mit pflanzlichen Ölen zubereitet wurden, wählen.

---

5. Regel: Drei statt fünf Mahlzeiten halten jung

»Täglich fünf statt drei Mahlzeiten« oder »regelmäßig kleine Zwischenmahlzeiten einlegen«, das galt bisher als Grundlage jeder gesunden Ernährung. Inzwischen hat sich aber herausgestellt, dass diese Empfehlung fraglich ist und sogar Krankheiten wie Zuckerkrankheit und Stoffwechselstörungen begünstigen kann.
So hat der schottische Biochemiker Victor Zammit vom Hannah Research Institute in Ayr festgestellt, dass die ständige Nahrungsaufnahme zu einem dauerhaft erhöhten Insulinspiegel führt und dieser wiederum die unerwünschte Freisetzung schädlicher Fette (LDL-Cholesterin, Triglyceride) aus der Leber begünstigt (Vines 2001). Langfristig fördern diese hohen Fettspiegel im Blut die Arterienverkalkung. Auch die Insulinrezeptoren an den verschiedenen Organen werden durch ständige Snacks auf Dauer unsensibel. Die Folge: Der Blutzuckerspiegel kann nicht mehr richtig gesenkt werden, eine Zuckerkrankheit

droht. Zudem verhindern zu häufige Mahlzeiten auch die Ausschüttung der verjüngend wirkenden Wachstumshormone. Aus diesem Grunde empfiehlt Victor Zammit zwischen den Mahlzeiten eine Nahrungspause von vier bis fünf Stunden.

6. Regel: Mit Mikronährstoffen gegen Versorgungslücken

Die ergänzende Zufuhr von Vitaminen, Mineralstoffen und Spurenelementen wird in der Öffentlichkeit kontrovers diskutiert. Die Kritiker sind der Meinung, dass mit einer ausgewogenen Ernährung auch der Bedarf an diesen Mikronährstoffen hinreichend gedeckt werden kann. Sie berücksichtigen jedoch nicht, dass die im Alltag verwendeten Nahrungsmittel durch Überdüngung der Böden, Verwendung verschiedener Chemikalien zum Schutz vor Krankheiten, durch Lagerung, Transport und Zubereitung einen Großteil des ursprünglichen Gehaltes an Vitalstoffen bereits verloren haben. Deshalb liegen die aktuellen Vitalstoff-Werte zahlreicher Lebensmittel um bis zu 30 Prozent niedriger als in den entsprechenden Nährstoff-Tabellen angegeben. Belastungen wie Stress, Sport, Schwangerschaft, Wachstum und chronische Erkrankungen erhöhen den Bedarf an Vitaminen, Mineralstoffen und Spurenelementen zusätzlich. Hinzu kommt noch, dass eine Reduktion der Kalorienzufuhr auch mit einer Verringerung der Mikronährstoffzufuhr einhergeht. Auch scheint der von verschiedenen Gesellschaften angegebene Mindestbedarf an Mikronährstoffen nicht ausreichend für eine optimale Versorgung zu sein.

Inzwischen ist aber unbestritten und konnte durch zahlreiche Studien belegt werden, dass eine ausreichende Zufuhr von Mikronährstoffen – sei es durch die Nahrung oder in besonderen

Belastungssituationen durch Nahrungsergänzungspräparate – für die Erhaltung von Gesundheit und Jugendlichkeit sowie für ein langes Leben absolut notwendig sind. Dabei spielen vor allem die Antioxidantien, Vitamine der B-Gruppe sowie einige Mineralstoffe und Spurenelemente eine wichtige Rolle.

Wichtige Mikronährstoffe und ihre Wirkungen für Gesundheit und Langlebigkeit

Vitamin A für die Schönheit

»Immer mehr epidemiologische Studien zeigen eine umgekehrte Beziehung zwischen dem Krebsrisiko und dem Konsum von Nahrungsmitteln, die Vitamin A enthalten oder seine Vorstufen«, so das Resümee des Komitees für Diät, Ernährung und Krebs beim Nationalen Forschungsrat der USA. Vitamin A hat eine wichtige Schutzfunktion vor allem in der Frühphase der Krebsentstehung. Es verhindert, dass sich krebserregende Stoffe an die Erbsubstanz im Zellkern binden und hier zu einer Entartung führen können.

Auch bei der Jungerhaltung der Haut spielt Vitamin A eine wichtige Rolle: So ist Vitamin-A-Säure nicht nur bei Jugendlichen ein wirksames Mittel gegen Akne, sondern kann örtlich angewendet auch bei älteren Menschen Fältchen mindern. Vitamin A ist außerdem für die normale Entwicklung von Geweben, insbesondere die Zellerneuerung der Haut wichtig. Es glättet die Haut und beugt Austrocknung und Abschuppung vor. Zudem sorgt es für kräftige Haare und Fingernägel.

Vitamin A ist weiterhin für die Abwehrkräfte von Bedeutung. In der Grippezeit kann der vermehrte Genuss von Vitamin-A-haltigen Lebensmitteln oder auch die kurzfristige Einnahme

von Vitamin-A-Präparaten die Abwehrkräfte der Schleimhäute verbessern.
Vitamin A kommt in seiner biologisch aktiven Form in nennenswerten Mengen nur in tierischen Lebensmitteln vor, so in Eigelb, Milch, Butter, Lebertran und Fisch. In Obst und Gemüse sind vor allem Vitamin-A-Vorstufen (Carotinoide) enthalten. Da Vitamin A fettlöslich ist, sollten die Lebensmittel mit etwas Butter oder Öl zubereitet werden.

Achtung: In der Schwangerschaft und kurz vor einer geplanten Schwangerschaft dürfen keine hoch dosierten Vitamin-A-Präparate eingenommen werden!

Carotinoide – natürliche sind am besten

Beta-Carotin ist ein Pflanzenfarbstoff, der rotem und orangem Obst und Gemüse zu seiner Farbe verhilft. Beta-Carotin ist eine Vitaminvorstufe, ein so genanntes »Provitamin A« und wird im Darm zu Vitamin A umgewandelt. Auch dem Beta-Carotin wird eine vor Krebs schützende Wirkung zugeschrieben. In zahlreichen Studien konnte nachgewiesen werden, dass Menschen, die einen hohen Beta-Carotin-Spiegel im Blut haben, seltener an Krebs erkranken. Allerdings musste inzwischen festgestellt werden, dass die Einnahme von Beta-Carotin in Tablettenform wahrscheinlich keinen Krebsschutz bietet. Einzelne Studien konnten sogar ein gehäuftes Auftreten von Lungenkrebserkrankungen bei Rauchern feststellen, die Beta-Carotin-Präparate eingenommen hatten. Bis weitere Untersuchungen diese Zusammenhänge geklärt haben, sollte man auf Beta-Carotin-haltige Vitaminpräparate besser verzichten.
Sehr gesund hingegen ist die Aufnahme von Beta-Carotin-haltigen Nahrungsmitteln, da die Vitaminvorstufe hier nicht iso-

liert, sondern zusammen mit anderen wichtigen Carotinoiden und Pflanzeninhaltsstoffen aufgenommen wird.
Beta-Carotin ist enthalten in fast allen grünen, gelben und orangefarbenen Früchten und Gemüsen, wie Feldsalat, Brokkoli, Avocado, Spinat, Zucchini, Grünkohl, Karotten, Paprika, Tomaten, Kürbis, Aprikosen, Mangos, Melonen, Papayas, Pfirsichen, Pilzen und Hülsenfrüchten.

Vitamin C – sauer macht gesund

Das wasserlösliche Vitamin C fängt freie Radikale im Magen und Dünndarm ab und verhindert so die Bildung von krebserregenden Nitroso-Verbindungen. Wissenschaftler fanden heraus, dass eine hohe Vitamin-C-Aufnahme mit der Nahrung das Risiko für Magen-, Speiseröhren-, Dickdarm- und Lungenkrebs verringern kann. Es vermag außerdem, oxidiertes, »beschädigtes« Vitamin E zu erneuern. Zudem schützt es die Fettverbindung LDL-Cholesterin vor einer gesundheitsschädlichen Umwandlung (Oxidation). Aus diesem Grund spielt Vitamin C auch eine wichtige Rolle beim Schutz vor Arterienverkalkung (Atherosklerose).
Vitamin C hält weiterhin das Bindegewebe elastisch und straff, regt das Haarwachstum an und reguliert die Pigmentbildung. Weil es am Aufbau der kollagenen Fasern beteiligt ist, hilft es dem Bindegewebe, Feuchtigkeit zu speichern. Daneben stärkt es das Immunsystem.
Vitamin C ist enthalten in Kohlrabi, Rotkohl, Zwiebeln, Brokkoli, Grünkohl, Rosenkohl, Fenchelgemüse, rotem Paprika, Kartoffeln, Weintrauben, Himbeeren, Johannisbeeren, Orangen, Papayas, Pfirsichen, Stachelbeeren, Äpfeln, Erdbeeren, Grapefruits, Hagebutten, Kiwi, Mangos, Melonen und Zitronen.

Vitamin E – Alternsschutz aus Ölen

Vitamin E ist eines der wichtigsten Alternsschutz-Vitamine und wirkt am besten zusammen mit anderen Antioxidantien. Es schützt vor allem die Zellmembranen und das im Blutplasma befindliche schädliche LDL-Cholesterin vor dem Angriff der freien Radikale (sog. oxidativer Stress). Vitamin E unterstützt und erhält die schützende Wirkung des Spurenelements Selen und stärkt zusammen mit diesem das Immunsystem. Vitamin E spielt weiterhin eine wichtige Rolle bei der Blutgerinnung und schützt vor Entzündungen.
Durch regelmäßige Vitamin-E-Aufnahme kann das Herzinfarkt- und Schlaganfallrisiko sowie das Risiko für einige Krebserkrankungen deutlich gesenkt werden.
Vitamin E sorgt für ausreichende Feuchtigkeit der Haut, macht sie glatt und geschmeidig und sorgt für eine ausreichende Durchblutung. Daneben hat es eine beruhigende und entzündungshemmende Wirkung. Vitamin E ist deshalb auch in vielen Kosmetika enthalten.
Vitamin E ist enthalten in Gurken (mit Schale), Blumenkohl, Grünkohl, Spinat, Zucchini (mit Schale), Avocados, Datteln, Nüssen, Mangos sowie in Weizenkeimöl, Maiskeimöl, Distelöl, Sonnenblumenöl, Olivenöl, Traubenkernöl, Keimen. Da Vitamin E fettlöslich ist, kann es am besten aufgenommen werden, wenn die Lebensmittel mit etwas Butter oder Öl zubereitet werden.

Folsäure, Vitamin B_{12}, Vitamin B_6 – das Trio für Herz und Gefäße

Diese Vitaminkombination schützt insbesondere vor den schädlichen Auswirkungen der Aminosäure »Homocystein« auf die Gefäße. Offensichtlich ist nämlich nicht Cholesterin der größte Feind unserer Gefäße, sondern »Homocystein«. Der Homocysteinspiegel ist vor allem bei Menschen, die sehr viel Fleisch und Wurst konsumieren, hoch. Dieser Eiweißbaustein schädigt die Gefäße und begünstigt in hohem Maße die Entstehung von Arterienverkalkung und erhöht dadurch das Risiko für Herzinfarkt, Schlaganfall und geistigen Abbau. Homocystein kann durch Folsäure, Vitamin B_6 und B_{12} sicher gesenkt werden. Der Homocysteinspiegel sollte 10 µmol pro Liter nicht übersteigen. Die Folsäureversorgung stellt bei den meisten Menschen den Engpass im Vitamin-B-Haushalt dar. Gute Folsäurequellen sind vor allem grünes Gemüse, Bohnen, Müsli, Nüsse, Spinat und Weizenkeime.

Mit Vitamin B_{12} sind die meisten Menschen ausreichend versorgt. Vitamin B_{12} ist vor allem in Fleisch und Fisch enthalten. Eine Unterversorgung kann aber bei strengen Vegetariern entstehen, die auch auf Eier und Milchprodukte verzichten.

Vitamin B_6 ist vor allem in Getreide, Vollkornprodukten, Fisch und Nüssen enthalten.

Selen – das Krebsschutzelement ist in Deutschland Mangelware

Das Spurenelement wirkt ebenfalls als Radikalenfänger und ist wichtig für den Stoffwechsel der Schilddrüse und das Zellwachstum. Studien haben gezeigt, dass Selen eine vor Krebs schützende Wirkung hat und besonders die Entstehung von Lungen-, Prostata- und Darmkrebs verhindern kann.

Selen ist enthalten in magerem Fleisch, Fisch und Getreideprodukten. Besonders selenhaltig sind Paranüsse. In Deutschland herrscht allerdings in den meisten Gebieten ein Selenmangel, deshalb kann die Selenversorgung meist nicht alleine über die Nahrung sichergestellt werden.

Zink – Tausendsassa gegen Zellalterung

Zink spielt bei vielen Stoffwechselvorgängen im menschlichen Körper eine entscheidende Rolle. Zink schützt vor freien Radikalen und bremst dadurch die Zellalterung. Als Bestandteil vieler Enzyme unterstützt es das Immunsystem. Da Zink am Kollagenstoffwechsel beteiligt ist, wirkt es der Hautalterung entgegen und ist bei einigen Arten von Haarausfall wirksam. Bei Patienten mit Zuckerkrankheit kann durch Zink die blutzuckersenkende Wirkung von Insulin verbessert werden.
Vor allem tierische Lebensmittel enthalten viel Zink, z. B. Austern, Fisch, Hammel-, Lamm- oder Rindfleisch oder Eier. Aber auch Erbsen, Vollkornprodukte, Sprossen und Keimlinge, grüner Tee und Käse sind reich an Zink.

Kalzium – macht schlank und stärkt die Knochen

Der Mineralstoff Kalzium ist vor allem für die Stabilität der Knochen verantwortlich. In unserem Körper stecken 1 bis 1,5 kg des Mineralstoffs Kalzium, 99 Prozent davon befinden sich in den Knochen und Zähnen, die durch Kalzium erst ihre Festigkeit und Stabilität erhalten. Die maximale Knochenmasse ist etwa im Alter von 30 bis 35 Jahren erreicht, ab da wird mehr Knochenmasse abgebaut als aufgebaut. Wichtig ist es deshalb, mit einem möglichst großen »Kalziumspeicher« ins vierte Lebensjahrzehnt zu starten, von dem man dann die nächsten Jahrzehnte zehren kann. Einen besonders hohen Kalziumbedarf haben Frauen, denn nach den Wechseljahren, wenn der Einfluss der weiblichen Hormone fehlt, schreitet der Kalziumverlust und damit der Knochenabbau rasch voran. Dieser Verlust sollte durch tägliche Kalziumgaben ausgeglichen werden.

Doch Kalzium hat noch zahlreiche andere positive Wirkungen auf den Organismus. Der Mineralstoff sorgt für gute Nerven und kann leichte Schlafstörungen beheben. Manchmal ist auch nächtliches Zähneknirschen eine Folge von Kalziummangel, eine ausreichende Mineralstoffzufuhr bessert die Symptome in wenigen Wochen. Ein leicht erhöhter Blutdruck kann durch Kalziumgaben, kombiniert mit Kalium, gesenkt werden.
Der Mineralstoff Kalzium besitzt offensichtlich auch die Fähigkeit, Fettpolster zu verbrennen. Bereits vor elf Jahren konnten amerikanische Forscher in einer Studie zur blutdrucksenkenden Wirkung von Kalzium eine Gewichtsabnahme in der behandelten Gruppe feststellen. In einer neuen Studie wies Prof. Dr. Eberhard Windler, Universitätsklinikum Eppendorf in Hamburg, nach, dass das Körpergewicht etwa 8 kg niedriger liegt, wenn täglich etwa 1000 mg mehr Kalzium aufgenommen werden.
Kalzium kommt vor allem in Milchprodukten (Käse, Joghurt, Vollmilch) vor. Weitere gute Kalziumquellen sind Nüsse, Kohl, Spinat, Schokolade, Hülsenfrüchte.

Magnesium – hartes Wasser, weiche Gefäße

Magnesium steuert mehr als 300 Enzyme im Körper. Vor allem für das Herz-Kreislauf-System ist der Mineralstoff wichtig. Magnesium hat eine entspannende Wirkung auf die Muskulatur in den Gefäßwänden und kann auf diese Weise den Blutdruck senken und die Sauerstoffversorgung des Herzmuskels verbessern. Es normalisiert den Herzschlag und beugt Herzrhythmusstörungen vor. Offensichtlich kann Magnesium sogar vor dem Herztod schützen. Die meisten Herzinfarktpatienten haben einen zu niedrigen Magnesiumspiegel. In Gegenden mit magnesiumhaltigem »hartem« Wasser erleiden weniger Menschen einen Herzinfarkt als in Regionen mit »weichem« Wasser. Auch Schlaf-

störungen können sich durch zusätzliche Magnesiumgaben bessern. Ein Magnesiummangel scheint die Bildung von freien Radikalen zu fördern und Entzündungen zu begünstigen.
Besonders gute Magnesiumquellen sind Kürbiskerne, Nüsse, grünes Gemüse, Sojaprodukte wie Tofu und Hülsenfrüchte.

Anti-Aging-Basisbedarf

Vor allem bei Stress, chronischen Krankheiten, bei schlechter Ernährung und im Alter empfehlen wir, die Nahrung durch Mikronährstoffe zu ergänzen, damit eine ausreichende Versorgung mit diesen wichtigen, verjüngenden Mikronährstoffen sichergestellt ist. Wir empfehlen Ihnen folgende Anti-Aging-Kombination:

Vitamin A	1 x tgl. 5000 IE zu den Mahlzeiten (Schwangere dürfen kein Vitamin A einnehmen)
Vitamin C	2 x tgl. 250 mg
Vitamin E	1 x tgl. 400 IE zu einer Mahlzeit, bevorzugen Sie natürliches Vitamin E
Folsäure	1 x tgl. 400 µg
Vitamin B_6	1 x tgl. 10 mg
Vitamin B_{12}	1 x tgl. 100 mg
Selen	1 x tgl. 50 µg
Zink	1 x tgl. 12 mg
Magnesium	1 x tgl. 400 mg vor dem Schlafengehen
Kalzium	2 x tgl. 500 mg

Diese Vitalstoffkombination schützt den Organismus vor einem Angriff freier Sauerstoffradikale und unterstützt die körpereigenen Schutzmechanismen.

Die sechs wichtigsten Tipps für die »Langlebigkeits-Ernährung«

Essen Sie weniger

Die meisten Menschen essen zu viel, zu fett, zu salzig und zu süß. Dieses Essverhalten begünstigt nicht nur typische Alterskrankheiten, sondern kann uns auch äußerlich älter erscheinen lassen und das Leben verkürzen. Eine Kalorienreduktion hingegen gilt unter Alternsforschern als eine der wichtigsten Maßnahmen zur Lebensverlängerung.
Überprüfen Sie deshalb Ihr Ernährungsverhalten, und reduzieren Sie gegebenenfalls die Nahrungsmenge.

Greifen Sie öfters in den Obstkorb und ins Gemüsefach

Untersuchungen haben gezeigt: Wir nehmen durchschnittlich nur knapp die Hälfte der empfohlenen Obstmenge und sogar nur gut ein Drittel der wünschenswerten Gemüseportion zu uns. Doch gerade pflanzliche Nahrungsmittel enthalten einen hohen Anteil verjüngender Antioxidantien, gesundheitsfördernder Pflanzenstoffe und lebenswichtiger Mineralien.
Kein Wunder, dass Vegetarier nachweislich länger leben. Versuchen Sie, täglich fünf Portionen Obst und Gemüse zu essen.

Essen Sie nur dreimal täglich

Täglich fünfmal kleine Mahlzeiten, das ist derzeit eine weit verbreitete Ernährungsempfehlung. Doch Untersuchungen haben jetzt gezeigt: Dieses Ernährungsverhalten lässt uns schneller altern und scheint sogar Zuckerkrankheit und Stoffwechselstörungen zu begünstigen. Schuld daran ist das alternsbeschleunigende Hormon Insulin, das die Ausschüttung verjüngender Wachstumshormone verhindert und Fetteinlagerungen begünstigt. Wenn Sie länger jung bleiben wollen, sollten Sie deshalb nur dreimal täglich essen.

Essen Sie die Nahrung zur rechten Zeit

Es ist nicht egal, welche Nahrungsmittel Sie zu den einzelnen Tageszeiten zu sich nehmen. Eier und Speck zum Frühstück können Ihnen die Energie für den ganzen Vormittag rauben, ein Schnitzel zur Mittagszeit verabschiedet Sie für den Nachmittag in den Ruhestand, und Kohlenhydrate zum Abendessen legen Ihre Junghormone lahm. Leben Sie nach dem Jungprinzip: Morgens Kohlenhydrate und Obst zur Energiebereitstellung am Vormittag, mittags Salate und Gemüse, eventuell ergänzt mit Vollkornreis oder einer Pellkartoffel zur Vermeidung des Mittagstiefs, und abends Fleisch und Fisch mit Gemüse und Salat zur Anregung der Produktion von verjüngenden Hormonen.

Trinken Sie Anti-Aging-Getränke

Unser Körper braucht täglich zwei bis drei Liter Flüssigkeit, um gesund zu bleiben. Diesen Bedarf sollten Sie mit »Anti-Aging-Getränken« decken.
Merkmale dieser Getränke sind: Sie haben wenige Kalorien, enthalten keinen Zucker und liefern möglichst noch verjüngende Biostoffe.
Trinken Sie deshalb überwiegend Wasser, grünen Tee, Sojamilch, Tomaten- und Karottensäfte. Dreimal pro Woche darf es auch ein kleines Glas Rotwein sein.

Verzuckern Sie nicht

Zucker, zuckerhaltige Getränke und Nahrungsmittel stellen einen wichtigen Alterungsfaktor dar. Untersuchungen haben gezeigt, dass diese schnell verdaulichen Kohlenhydrate Schäden an Zellen und im Bindegewebe verursachen können und dadurch das Altern beschleunigen.
Wählen Sie zuckerarme Lebensmittel. Achtung: Verzichten Sie aber auf Süßstoffe.

6. KAPITEL

In diesem Kapitel erfahren Sie,

- warum Männer auch weibliche und Frauen auch männliche Hormone benötigen
- welche Pflanzen hormonartige Stoffe enthalten
- wie Sie Ihren Hormonspiegel durch die Lebensweise optimieren können
- auf welche Weise Sie Ihren Körper dazu bringen können, mehr verjüngende Hormone zu bilden

Die Kunst, den Hormonspiegel auf natürliche Weise zu managen

»Lass die Nahrung deine Medizin sein
und Medizin deine Nahrung.«
Hippokrates von Kos

Hormonkonzert mit einem alt machenden Duo und einem verjüngenden Quintett

In einem Orchester kommt es auf jedes Instrument an. Jeder Musiker muss seinen Einsatz exakt mit den Mitspielern abstimmen, die Instrumente müssen miteinander harmonieren. Nur dann wird das Musikstück zum Genuss. Schon ein oder zwei »Falschspieler« führen zu unangenehmen Missklängen. Ähnlich verhält es sich mit unserem Hormonsystem. Nur wenn die zahlreichen Hormone gut aufeinander abgestimmt sind, befindet sich unser Organismus in einem harmonischen Zustand. Werden einzelne Botenstoffe aber zu wenig oder im Übermaß produziert, kommt es schnell zu »Missklängen«, die den gesamten Körper in Mitleidenschaft ziehen. Für jugendliches Aussehen, Leistungsfähigkeit und Langlebigkeit ist ein Hormonquintett verantwortlich. Wichtig ist hier vor allem der Spiegel der weiblichen und männlichen Geschlechtshormone, Östrogen und Testosteron, sowie der »Anti-Aging-Hormone« Melatonin, Wachstumshormon und DHEA. Dem gegenüber steht das alt machende »Hormonduo« Insulin und Cortisol. Insulin wird vor allem dann produziert, wenn unsere Nahrung sehr viel Zucker enthält. Insulin bewirkt eine Bildung unschöner Fettdepots und begünstigt die Freisetzung von Fettbestandteilen ins Blut. Wie bereits im Ernährungskapitel beschrieben, führt eine sehr zucker- und kohlenhydratreiche Ernährung zu einer Beschleunigung der Alterungsvorgänge. Auch vom zweiten »Altmacherhormon«, dem Stresshormon Cortisol, haben wir schon mehrfach berichtet. Cortisol schwächt das Immunsystem, baut Muskeln ab und Fettgewebe auf, schwächt die Knochen, schädigt das Gehirn und macht uns alt.

Hormonelle Disharmonien müssen nicht sein

Im Alter wird das Hormonkonzert leider durch mehrere Faktoren gestört. Die Botenstoffe arbeiten nicht mehr so gut zusammen wie in der Jugend, und es werden von Jahr zu Jahr weniger Verjüngungshormone gebildet. Auf der anderen Seite gewinnt das »verhängnisvolle Hormonduo« bei vielen Menschen die Oberhand. Schuld daran ist oft eine falsche Lebens- und Ernährungsweise.

Um in jedem Alter die Harmonie im Hormonorchester zu erhalten, ist es deshalb wichtig, ausfallende »Hormonmusiker« durch gleichwertige zu ersetzen und das »falsche Spiel« der verhängnisvollen Hormone zu bremsen. Tatsächlich können durch die Einnahme fehlender Hormone Alterungsvorgänge oftmals gestoppt oder sogar rückgängig gemacht werden. Doch der regelmäßigen Einnahme dieser Stoffe stehen viele Menschen skeptisch gegenüber. Denn von vielen Hormonen – selbst von Östrogenen, die ja Frauen in den Wechseljahren regelmäßig verordnet werden – weiß man nämlich bisher noch nicht, ob sie nach jahre- oder jahrzehntelanger Einnahme nicht doch der Gesundheit schaden können.

Aus diesem Grunde möchten wir Ihnen vor allem natürliche Möglichkeiten vorstellen, um die Balance der Hormone zu erhalten. Durch bestimmte Verhaltensweisen lässt sich die körpereigene Hormonproduktion anregen und die Bildung schädlicher Hormone bremsen. Eine hormonelle Imbalance lässt sich oft auch durch pflanzliche Hormone – so genannte »Phytohormone« – auf sanfte Weise ausgleichen.

Kann man den Hormonspiegel sehen?

In einer Untersuchung der Abteilung für Endokrinologie und Reproduktionsmedizin der Universität Erlangen sollten unabhängige Beobachter das Alter von 100 Frauen zwischen 35 und 55 Jahren schätzen. Je höher der Östrogenspiegel war, desto jünger wurden die Probandinnen geschätzt. Wies der Hormonspiegel eher unterdurchschnittliche Werte auf, wirkten die Frauen hingegen bis zu acht Jahre älter, als sie wirklich waren. Doch auch Männern kann man den »Hormonspiegel« oft ansehen, das legt eine in der medizinischen Fachzeitschrift »Lancet« veröffentlichte Studie nahe. 100 Männer unterschiedlichen Alters ließen sich fotografieren und den Testosteronspiegel bestimmen. Anschließend mussten weibliche Testpersonen anhand einer Skala den Attraktivitätsgrad des Mannes angeben. Alle Frauen fanden übereinstimmend die Männer mit hohem Testosteronspiegel attraktiv. Männer können beim weiblichen Geschlecht vor allem mit einem breiten Untergesicht, markanten Zügen und einer tiefen Stimme punkten – alles Merkmale, die auf einen hohen Testosteronspiegel hinweisen.

Dass Hormone unseren Körper offensichtlich vor dem Zahn der Zeit bewahren können und uns fast um eine Generation verjüngen können, daran zweifelt inzwischen kaum noch ein Wissenschaftler. Aber Hormone sind weder »Smarties« noch harmlose Nahrungsergänzungsmittel, sondern hochwirksame Botenstoffe. Aus diesem Grund gehört eine Hormonbehandlung immer in die Hand eines Spezialisten. Wirkungsvoll und ungefährlich sind hingegen Möglichkeiten, die Hormonproduktion durch unsere Lebensweise anzukurbeln.

Östrogene – Hormone für Haut, Haare und gute Laune

Haarausfall, schlaffe, faltige Haut, Hitzewallungen, Schlafstörungen und Depressionen – mit diesen Beschwerden haben zahlreiche Frauen in den Wechseljahren zu kämpfen. Schuld daran ist ein Abfall des Östrogenspiegels. Die Produktion des Hormons in den Eierstöcken nimmt bereits zwischen dem 35. und 45. Lebensjahr ab, mit Beginn der Wechseljahre sinkt der Spiegel noch weiter, der Östrogenspiegel kann sich dann um mehr als 80 Prozent verringern. In den Wechseljahren kommen Frauen dadurch zwangsläufig in einen hormonellen Mangelzustand. Vor der Menopause werden in jedem Zyklus weibliche Geschlechtshormone gebildet. Diese steuern bis zum Beginn der Wechseljahre Schwangerschaft und Geburt, danach geht ihre Produktion langsam zurück. Das wäre nicht so tragisch, wenn es nur die Fortpflanzung betreffen würde, denn die Familienplanung ist zu dieser Zeit meistens schon abgeschlossen. Die Sexualhormone haben aber noch zahlreiche andere Funktionen, und deshalb betreffen Wechseljahresbeschwerden auch den gesamten Organismus. Sie sind wichtig für den Stoffwechsel, das Nervensystem, das Herz-Kreislauf-System und auch für das seelische Wohlbefinden. Sie schützen vor Osteoporose

(Knochenschwund), Arterienverkalkung und der Alzheimer-Erkrankung (Morbus Alzheimer). Kein Wunder, wenn ein Hormonmangel den ganzen Körper in Mitleidenschaft zieht. Auch das Aussehen leidet oft unter dem Hormontief, denn Östrogene verzögern auch die Hautalterung und verhindern Haarausfall. Bereits einige Monate nach Beginn der Wechseljahre bemerken viele Frauen, dass vermehrt Falten auftreten, die Straffheit der Haut abnimmt und Feuchtigkeit und Elastizität verloren gehen. Schon kurz nach Beginn der Wechseljahre (Menopause) nimmt nachweislich die Hautdicke ab, die Durchblutung wird schlechter, die Haut erscheint blasser und fahler.

Männer brauchen Frauenhormone

Bei dem Gedanken, weibliche Hormone einzunehmen, zucken die meisten Männer wahrscheinlich erschreckt zusammen. Auch die Tatsache, dass die Idee einer Hormontherapie gar nicht so neu ist und bereits 1997 im wissenschaftlichen Teil der »Salzburger Nachrichten« (13. 10. 1997) darauf hingewiesen wurde, dass sogar die »DDR-Größen« Honecker und Mielke Östrogene »geschluckt« haben sollen, wird die wenigsten von den Therapieerfolgen überzeugen. Dabei sind Östrogene gar kein rein weibliches »Privileg«. Ein 30-jähriger Mann hat einen höheren Östrogenspiegel als eine 65-jährige Frau. Doch bislang war nur noch nicht bekannt, dass dieses weibliche Hormon selbst für den männlichsten Körper lebensnotwendig ist. Vor allem im männlichen Genitaltrakt weisen nämlich zahlreiche Zellen Östrogenrezeptoren auf. Allerdings findet man beim Mann meist den Östrogenrezeptor-Beta, der erst vor wenigen Jahren entdeckt wurde.

Erst kürzlich wurde festgestellt, dass Östrogene vor allem für die Fruchtbarkeit des Mannes eine ganz entscheidende Rolle spielen. Fehlt das weibliche Hormon, gelangen die Spermien nur in verdünnter Form in die Samenwege, was zu Unfruchtbarkeit führt. Interessant ist auch eine Untersuchung, die in der Medizinzeitschrift »Proceedings of the National Academy of Sciences« veröffentlicht wurde: Mäusemännchen, die kein Östrogen bilden können, werden nach kurzer Zeit unfruchtbar. Fütterten die Forscher die Tiere allerdings mit Sojamehl, welches östrogenartige Pflanzenhormone enthält, blieb die Spermaproduktion erhalten. Erst seit kurzem weiß man, dass auch Männer in den »Wechseljahren« nicht nur unter einem Mangel an männlichen, sondern auch an weiblichen Hormonen leiden. Energiemangel, Hitzewallungen, Schweißausbrüche, Schlafstörungen, Sehstörungen, Selbstwertminderung, Depressionen und Antriebslosigkeit können Anzeichen eines Östrogenmangels beim Mann sein. Aufschluss kann eine Laboruntersuchung geben. Im Idealfall sollte der Serumöstradiol-Spiegel beim Mann etwa 50–80 pg/ml betragen. Ein Östrogenmangel sollte deshalb auch beim Mann ausgeglichen werden, denn nicht nur psychische Befindlichkeitsstörungen lassen sich auf den Östrogenmangel zurückführen. Auch Knochenschwund, Herzinfarkt und nachlassende geistige Leistungsfähigkeit können die Folge sein. Inzwischen weiß man auch, dass Männer mit einem leicht erhöhten Östradiolspiegel älter werden als Männer mit einem eher zu niedrigen Östradiolspiegel. Wer unter entsprechenden Beschwerden leidet, aber nicht gleich Hormontabletten einnehmen möchte, kann ein hormonelles Ungleichgewicht auch sehr gut durch den Verzehr phytohormonhaltiger Nahrungsmittel ausgleichen. Nebenwirkungen sind hier – anders als bei einer körpereigenen Überproduktion weiblicher Hormone – nicht zu erwarten. Übergewichtige Männer haben hingegen oft einen zu hohen Östrogenspiegel, denn neben den Hoden und Nebennieren ist beim Mann vor allem das Fettgewebe eine Östrogen-Produktionsstätte. Starkes Übergewicht kann deshalb auf Dauer zu einer Verweiblichung des Mannes führen.

Phytohormone – die pflanzliche Alternative zur Östrogentherapie

Eine gute Alternative zur Hormontherapie stellen so genannte »Phytohormone« dar. Unter »Phytohormonen« versteht man hormonähnliche Stoffe, die in vielen Pflanzen enthalten sind. Dass es Pflanzen mit hormonartiger Wirkung gibt, weiß man schon seit Hunderten von Jahren: Den Landwirten war aufgefallen, dass bei Schafen, die sehr viel Rotklee fraßen, der Menstruationszyklus unregelmäßig wurde. Heute weiß man, dass im Rotklee gleich mehrere Substanzen enthalten sind, die eine östrogenartige Wirkung haben, d. h. den weiblichen Hormonen ähneln. Doch es gibt in der Natur auch Stoffe, die anderen körpereigenen Hormonen gleichen.

Die Wirksamkeit dieser Phytohormone konnte inzwischen in zahlreichen Studien recht gut belegt werden. Es existieren viele Hinweise, dass Pflanzenhormone durchaus einen milden Ersatz für fehlende Hormone darstellen und Alterungsvorgänge bremsen können. Sie haben natürlich nicht die gleiche Stärke wie rezeptpflichtige Hormonpräparate, aber auch nicht deren Risiken und Nebenwirkungen.

Vor allem die östrogenartig wirkenden Phytohormone (Isoflavone, Lignane, Coumestane) gewinnen derzeit mehr und mehr an Popularität. In unserer typischen europäischen Nahrung kommen Pflanzenhormone nur in geringer Dosierung vor. Während die durchschnittliche tägliche Phytohormon-Aufnahme in Europa und Amerika etwa zwei bis drei Milligramm beträgt, werden in asiatischen Ländern 20 bis 80 Milligramm pro Tag aufgenommen. Besonders reich an Phytohormonen sind nämlich Sojaprodukte, die in Asien regelmäßig auf dem Speiseplan stehen. Mit dem Verzehr von Pflanzenöstrogenen bringt man das deutlich geringere Brust- und Prostatakrebsrisiko in asiatischen Ländern in Verbindung (Trock 1999). Auch Wechseljahresbeschwerden sind dort sehr viel seltener. Während in Europa und Amerika bis zu 80 Prozent der Frauen unter Hitzewallungen leiden, klagen in China weniger als 20 Prozent der Frauen darüber. In Japan sind diese Beschwerden sogar so selten, dass es kein japanisches Wort für »Hitzewallungen« gibt. Zahlreiche weitere positive Hormonwirkungen wie Verringerung des Risikos für Herz-Kreislauf-Erkrankungen (Anderson 1995), Senkung des Cholesterinspiegels (Nagata 1998) und Schutz vor Knochenschwund (Osteoporose) sind inzwischen gut erforscht. Es ist gar nicht so schwer, auch in unserer westlichen Ernährung den Anteil der Pflanzenhormone zu erhöhen. Um 50–70 mg Phytoöstrogene zu verzehren – das entspricht etwa der durchschnittlichen täglichen Aufnahme in asiatischen Ländern –, können Sie entweder täglich eine große Tasse Sojamilch trinken oder Sojajoghurt (250–300 ml) verzehren. Die gleiche Menge hormonähnlicher Stoffe enthält auch eine Portion Tofu (etwa 150 g) oder fünf bis sechs Esslöffel geschroteter Leinsamen oder die gleiche Menge Kürbiskerne.

Eine gute »europäische« Phytohormonquelle ist Bier. Seit Jahrhunderten ist bekannt, dass die zapfenartigen Dolden des Bier-Hopfens hormonelle Wirkungen haben. Früher, als der Hopfen noch von Hand geerntet wurde, waren die Frauen abends in bester Flirtlaune, mit den männlichen Pflückern war aber nichts mehr los. Grund: Beim Pflücken hatten die Arbeiter

große Mengen östrogenartiger Hopfenhormone aufgenommen, die auf Frauen anregend, auf Männer eher dämpfend wirken.
Anmerkung: Sollte bereits eine hormonabhängige Krebserkrankung bestehen, empfehlen wir vor Einnahme sojahaltiger Nahrungsmittel oder Nahrungsergänzungsmittel den behandelnden Arzt zu konsultieren.

Phytohormonhaltige Nahrungsmittel und Nahrungsergänzungspräparate

---

Folgende Nahrungsmittel enthalten einen besonders hohen Anteil an pflanzlichen Östrogenen:

Soja (auch Sojaprodukte wie Tofu, Sojasoße etc.)
Hülsenfrüchte (Linsen, Erbsen)
Rotklee
Leinsamen
Kürbiskerne
Shiitakepilze
Hopfen (Bier)
Traubensilberkerze (Cimifuga racemosa)
Gelee royal (Bienenextrakte) (besteht zu 20 bis 30 Prozent aus östrogenartigen Substanzen)

Diese Nahrungsergänzungspräparate enthalten Phytohormone in hoher Konzentration:

Menoflavon® (Phytohormone aus Rotklee)
verschiedene Präparate von Orthomol, u. a. Orthomol flavon f® (Soja)
Melbrosin® (Östrogene aus Gelee royal)
Promensil® (Soja)
Phytosoja® (Soja)

Testosteronmangel bringt Männer in die Wechseljahre

Testosteron – schon der Name des männlichen Hormons klingt wie ein Sportwagen. Testosteron macht Männer aktiv, es steigert die Leistungsfähigkeit, wirkt lustfördernd und baut die Muskeln auf. Auch die Abwehrkräfte und die Blutbildung profitieren von einem ausgeglichenen Testosteronspiegel. Doch spätestens mit 40, bei Stress und Übergewicht oft auch schon früher, kommt der Testosteronmotor ins Stottern, der Spiegel der männlichen Hormone sinkt. Zwischen dem vierten und siebten Lebensjahrzehnt sinkt die Testosteronkonzentration um 1 bis 1,2 Prozent pro Jahr, bis zum 70. Lebensjahr ist der Testosteronspiegel um ein Drittel niedriger als mit 40. Doch schon viel früher können nachlassende Leistungsfähigkeit, Gereiztheit, Verlust der Muskelmasse, Nachlassen des Gedächtnisses, Stimmungsschwankungen, Depressionen oder Potenzstörungen auf einen Testosteronmangel hinweisen. Früher nannte man das »Midlife-Crisis«, heute sprechen die Hormonspezialisten vom »Padam-Syndrom« (»Partielles Androgen-Defizit des Mannes«). Denn nicht nur Frauen, auch Männer kommen in die Wechseljahre, wenn die Hormonproduktion nachlässt, und auch sie leiden unter dem sinkenden Hormonspiegel. Treten entsprechende Beschwerden auf, sollten deshalb auch Männer den Hormonspiegel kontrollieren lassen, denn auch für die Knochen, die Blutbildung und das Immunsystem spielt das männliche Hormon eine wichtige Rolle.
Endokrinologen (Hormonspezialisten) überlegen inzwischen, ob nicht auch Männern mit einem zu niedrigen Testosteronspiegel die Einnahme von zusätzlichen Hormonen empfohlen werden soll. Eine Testosterongabe hat nachweislich positive Auswirkungen auf Muskelkraft, Leistungsfähigkeit, Knochendichte, Fett-

verteilung, Gehirn und Potenz. Das männliche Hormon sollte dann möglichst morgens in Form eines Gels angewendet werden. Dadurch lassen sich Wirkspiegel erzielen, die den körpereigenen recht nahe kommen. Doch die Zufuhr männlicher Hormone hat nicht nur Vorteile: Zwar gibt es bis heute keinen Anhalt dafür, dass Testosteron Prostatakrebs verursachen kann, möglicherweise wird jedoch das Wachstum eines schon bestehenden Tumors angeregt. Überwacht werden sollte die Therapie deshalb anfänglich vierteljährlich mit der Bestimmung des PSA-Wertes. Ein Anstieg des Markers kann schon frühzeitig auf die Entwicklung eines Prostatatumors hinweisen. Die Prostata sollte zusätzlich regelmäßig abgetastet bzw. mit Ultraschall untersucht werden. Da unter der Therapie der Blutfettspiegel ansteigen kann, sollte der Arzt auch den Cholesterinspiegel im Auge behalten. Zudem führt Testosteron beim Mann zu verstärktem Haarausfall und Glatzenbildung. Möglicherweise hängt auch die um etwa zehn Prozent kürzere Lebenserwartung der Männer im Vergleich zur Lebenserwartung der Frauen mit einem hohen Testosteron- und einem niedrigen Östradiolspiegel zusammen. Eine Testosterongabe sollte deshalb erst nach gründlicher Untersuchung und bei deutlich erniedrigtem Hormonspiegel durchgeführt werden. Gefahrlos lässt sich der Testosteronspiegel hingegen auf natürliche Art und Weise regulieren.

Männliche Hormone machen Frauen glücklich

»52 junge Frauen mussten in einer Studie einen Standardfragebogen beantworteten, der Rückschlüsse auf einen durchsetzungsfähigen Charakter zulässt. Danach wurde ihnen Blut abgenommen und der Testosteronspiegel darin bestimmt. Die Auswertung ergab eine deutliche Verbindung von hohen Werten des männlichen Sexualhormons und hohen Werten in der Dominanz-Skala, die aus der Beantwortung des Fragebogens resultierte. Testosteron verursacht also nicht nur Haare auf der Brust, sondern auch Haare auf den Zähnen.« (Medical Tribune-Online D 19. 10. 2001).

»Das Hormon Testosteron verhilft Frauen nach einer Totaloperation wieder zu besserem Sex und seelischem Wohlbefinden. 75 Frauen, zwischen 31 und 56 Jahre alt, bei denen Eierstöcke und Gebärmutter aus unterschiedlichen medizinischen Gründen entfernt worden waren, nahmen an der US-amerikanischen Studie teil. Grund: Sie alle litten nach der Operation unter einem unbefriedigenden Sexualleben. Die Wissenschaftler teilten die Frauen in drei Gruppen nach dem Zufallsprinzip ein. Die erste Gruppe bekam ein Placebo, die zweite und dritte Testosteron in unterschiedlich hoher Dosierung, jeweils über Hautpflaster. Alle Frauen nahmen zusätzlich ein Östrogenpräparat ein. Die Studie ging über zwölf Wochen, danach zeigte sich: Mit Anstieg der Testosteron-Konzentration im Blut stieg die Häufigkeit, mit der die Frauen Sex hatten, und die Anzahl der Orgasmen. Unter der höheren Testosterondosis kam es außerdem vermehrt zu sexuellen Fantasien, Masturbation und bis zu dreimal so oft zu Sex wie ohne Pflaster – kurzum, die Frauen fühlten sich einfach wieder richtig gut.« (Medical Tribune-Online D 14.09.2000)

So können Sie den körpereigenen Testosteronspiegel beeinflussen!

Unterstützt werden kann der Testosteronspiegel auch auf pflanzliche Weise. Ginseng ist eine der ältesten Heilpflanzen der Welt, die schon seit mehreren tausend Jahren zur allgemeinen Stärkung und Potenzsteigerung eingesetzt wird. In den sechziger Jahren konnten unter anderem sowjetische Ärzte bei Labortieren und Versuchspersonen auch eine leistungssteigernde Wirkung nachweisen: Je nach Dosis konnte die körperliche Leistungsfähigkeit um 25 bis 70 Prozent gesteigert werden. Die Ginsengwurzel enthält neben zahlreichen anderen Wirkstoffen vor allem Ginsenoside. Diese bewirken eine Freisetzung körpereigener Hormone, unter anderem Testosteron. Nicht alle Präparate sind aber gleich gut. Häufig wird das Mittel durch preiswerte, wenig oder keine Ginsenoside enthaltende Ginsengarten verfälscht. Eine standardisierte Zubereitung sollte mindestens 15 Prozent Ginsenoside enthalten. Um einen positiven Einfluss auf den Testosteronspiegel zu erzielen, ist eine regelmäßige Einnahme notwendig. Vorsicht: Bei Überdosierung kann es zu Unruhe und Blutdrucksteigerung kommen. Doch wer hätte das gedacht: Auch die guten alten Haferflocken enthalten Stoffe, die den männlichen Sexualhormonen gleichen. Ein Teller Haferflocken zum Frühstück ist deshalb ein optimaler Start in den Tag.

Der Testosteronspiegel und das Verhältnis der weiblichen und männlichen Hormone zugunsten des Testosteron lässt sich bei Übergewicht auch durch Gewichtsreduktion verbessern. Ein Gewichtsverlust von fünf Kilo Fettgewebe hebt den Testosteronspiegel um bis zu 30 Prozent an. Eine »bewusste« Lebensweise bekommt ebenfalls dem Testosteronspiegel. Stress, Alkohol und Nikotin gelten als Feinde eines ausgeglichenen Testosteronspiegels. Leichte körperliche Betätigung trägt dazu bei, den Testosteronspiegel auf einem hohen Level zu halten. Auch durch die Einnahme des Spurenelements Zink lässt sich der Testosteronspiegel günstig beeinflussen. Oft reicht eine zinkreiche Ernährung (Hummer, Austern, Weizenkeime, Rindfleisch). Alternativ kann ein höher dosiertes Zinkpräparat eingenommen werden.

Sport und Lakritze machen starke Männer schwach

Mehrere italienische Männer mussten im Dienst der Forschung täglich sieben Gramm Lakritzpastillen verzehren – eine Menge, die Fans der schwarzen Masse sicher keine Probleme bereiten dürfte. Doch das Ergebnis der Untersuchung lässt wahrscheinlich allen männlichen Naschkatzen einen kalten Schauer über den Rücken laufen: Lakritze scheint »schwarzes Gift für die Potenz« zu sein. Die italienischen Forscher konnten durch verschiedene Blutuntersuchungen nachweisen, dass bestimmte Substanzen in Lakritze Enzyme blockieren, die für die Bildung des Sexualhormons Testosteron notwendig sind. Schon nach wenigen Naschtagen sanken die Werte des männlichen Sexualhormons Testosteron um bis zu 44 Prozent unter den Ausgangswert ab.

»Wer täglich Lakritze isst, könnte schon Schwierigkeiten bekommen«, heißt es in der Studie, die kürzlich im »New England Journal of Medicine« veröffentlicht wurde, denn der niedrige Hormonspiegel kann durchaus zu sexuellen Problemen und Libidostörungen führen. Zur Beruhigung sei allerdings noch erwähnt, dass sich nach viertägiger Lakritzabstinenz die Blutspiegel wieder normalisiert hatten.

Auch wer sich beim Sport verausgabt, muss anschließend mit einem eher niedrigen Testosteronspiegel rechnen. Besonders im mittleren und höheren Alter kann sich ein Marathontraining negativ auf die Manneskraft auswirken. Durch Extrembelastungen wie einen Marathonlauf kommt es – wenn auch nur vorübergehend – zu einem Anstieg der Stresshormone (z. B. Cortisol) auf ein Mehrfaches, der Testosteronspiegel hingegen fällt in den Keller. Frauen dürfen sich deshalb nicht wundern, wenn ihr starker Sportler abends nur noch müde im Bett liegt.

Dehydroepiandrosteron – die Mutter der Hormone

Vokabeln lernen ist mühsam, noch schlimmer ist für viele, Kenntnisse in Mathematik oder Physik zu erwerben. Wäre es da nicht schön, wenn Sie zum Frühstück einfach eine Tablette Englischvokabeln, mathematische Gleichungen oder Physikformeln einnehmen könnten und nach 20 Minuten sind Formeln und Vokabeln im Gehirn gespeichert? Ganz so weit ist die Wissenschaft bisher zwar noch nicht, aber es gibt Wirkstoffe, die möglicherweise die geistige Leistungsfähigkeit verbessern können. DHEA, *De**H**ydro**E**pi**A**ndrosteron*, lautet der Name eines dieser »Wundermittel«, das eigentlich eine Hormonvorstufe darstellt.

Etienne-Emile Baulieu, ein französischer Arzt und Wissenschaftler, war einer der Ersten, der sich intensiv mit diesem körpereigenen Hormon beschäftigte, und er ist sich inzwischen sicher, dass durch Einnahme von DHEA die geistige Leistungsfähigkeit im Alter verbessert werden kann. In einer Studie verabreichte er älteren Personen niedrige Dosen des Hormons und konnte nachweisen, dass sich Konzentration und Gedächtnis verbesserten und das Immunsystem leistungsfähiger wurde (Siefers, Sanides 1995, Kley 1996).

Zu einem ähnlichen Ergebnis kam auch der Psychiater Holsboer. Er stellte fest, dass die Traumphasen nach Einnahme von DHEA verlängert werden. Traumphasen sind bekanntlich nötig, um Gelerntes im Gedächtnis zu verankern. Ältere Menschen, die seltener Traumschlafphasen, dafür aber häufig Gedächtnisprobleme haben, profitieren, so vermutet Holsboer, wahrscheinlich von längeren Traumphasen. Möglicherweise kann durch DHEA-Gaben die geistige Leistungsfähigkeit bis ins hohe Alter weitgehend erhalten bleiben.

Auch auf das Herz-Kreislauf-System wirkt sich Dehydroepiandrosteron (DHEA) offensichtlich günstig aus. Wissenschaftler der Semmelweis-Universität Budapest untersuchten bei 524 Patientinnen den Zusammenhang zwischen dem DHEA-Spiegel, den Blutfettwerten, Bluthochdruck und Alterungserscheinungen an den Herzkranzgefäßen. Dabei stellte sich heraus, dass Frauen mit einem hohen DHEA-Spiegel niedrigere Cholesterinwerte und ein geringeres Risiko für eine Verkalkung der Herzkranzgefäße hatten (Medical Tribune-Online D 09.05. 2000, Internistenkongress 2000, Poster P-162).
Dehydroepiandrosteron (DHEA), die »Mutter der Geschlechts- und Stresshormone«, ist eine Hormonvorstufe, die beim Menschen in den Nebennieren gebildet wird und im Körper je nach Alter und Geschlecht in weibliche (Östrogene) oder männliche (Testosteron) Geschlechtshormone oder in das Stresshormon Cortisol umgewandelt werden kann. Mit etwa sieben Jahren tritt DHEA in messbaren Konzentrationen im Blut auf, steigt dann ungefähr bis zum 30. Lebensjahr an, um anschließend wieder kontinuierlich abzusinken. Im Alter von 75 Jahren ist der DHEA-Spiegel im Blut auf zehn Prozent der Maximalkonzentration abgesunken. Zahlreiche Studien legen den Schluss nahe, dass die Höhe des DHEA-Spiegels möglicherweise ein Indikator für das biologische Alter darstellt. Hohe DHEA-Spiegel schützen vor typischen Alterskrankheiten wie Osteoporose und Arterienverkalkung, stärken das Immunsystem, steigern die Vitalität sowie die körperliche Leistungsfähigkeit. DHEA wird deshalb häufig auch als »Energie- und Wohlfühlhormon« bezeichnet. Baulieu glaubt, dass beim Menschen ein konstanter DHEA-Spiegel die meisten Alterungsprozesse deutlich verlangsamen kann. Interessant scheint auch die antidepressive Wirkung von DHEA zu sein. Einige Menschen mit Depressionen sprechen sehr gut auf eine Behandlung mit DHEA an.

Stress-Schutz und Wellnesshormon

Eine ganz wichtige Rolle spielt DHEA beim Stressgeschehen. Es hat die Fähigkeit, die Produktion des Stresshormons Cortisol zu bremsen und die Auswirkungen einer chronischen Stressbelastung zu mildern. Unter anderem scheint DHEA die Gehirnzellen vor den schädlichen Einflüssen des Cortisols zu schützen. Doch bei Dauerstress wird der wertvolle DHEA-Vorrat zugunsten der Stresshormonproduktion geopfert. Ein Grund, warum uns Stress schneller altern lässt. Während DHEA im Alter kontinuierlich abnimmt, steigt der Cortisolspiegel mit den Jahren eher noch an. Dadurch gerät das Gleichgewicht zwischen Cortisol und DHEA durcheinander. Deshalb ist nicht nur der absolute DHEA-Wert im Blut von Bedeutung, sondern auch der DHEA-/Cortisol-Quotient. Je niedriger dieser ist, desto stärker wird die Stressbelastung für den Organismus.

So können Sie den körpereigenen DHEA-Spiegel beeinflussen!

Da DHEA unter anderem für die Bildung von Stresshormonen benötigt wird, nimmt der DHEA-Vorrat kontinuierlich – je nach Ausmaß der Stressbelastung – im Laufe des Lebens ab. Parallel dazu verlaufen die Alterungsprozesse schneller, wenn ein DHEA-Mangel besteht. Wird die Bildung von Stresshormonen verringert, lassen sich dadurch die DHEA-Speicher möglicherweise schonen. Eine gute Möglichkeit sind Entspannungsübungen. Diese senken den Cortisolspiegel und stellen das DHEA-/Cortisol-Gleichgewicht wieder her. Auch die Einnahme des Spurenelementes Chrom erhöht den DHEA-Spiegel. In einer Untersuchung an Frauen in der Menopause, die für mehrere Monate täglich 200 Mikrogramm Chrom eingenommen hatten, fiel der Spiegel des verjüngenden DHEA nach dem Absetzen um zehn Prozent ab. Sie können die Ausschüttung der Hormonvorstufe durch Einnahme des Spurenelements Chrom steigern. Da die meisten Nahrungsmittel sehr chromarm sind, sollten Sie für einige Wochen täglich 200 Mikrogramm des Spurenelements Chrom in Tablettenform zu sich nehmen (Carper 1995).

Eine DHEA-ähnliche Wirkung hat Diosgenin, ein Wirkstoff, der in der mexikanischen Yamswurzel »Wild Yam« enthalten ist. Extrakte aus der Yamswurzel sollen den Hormonspiegel harmonisieren und auch die Produktion von DHEA stimulieren. Einige Untersuchungen deuten darauf hin, dass der regelmäßige Verzehr der Yamswurzel vor Osteoporose schützen und die Festigkeit der Knochen verbessern kann.

Zusätzlich sollten Sie regelmäßig Nahrungsmittel verzehren, die reich an der Cholesterol-Vorstufe Squalen sind und einen hohen Anteil ungesättigter Fettsäuren enthalten (Auberginen, Fisch, v. a. Tunfisch, Lachs u. a., Avocado, Olivenöl, Kürbiskernöl, Rapsöl). Diese Nährstoffe benötigt Ihr Organismus, um das »Wohlfühlhormon« DHEA zu produzieren.

Wachstumshormone – der Stoff, der kleine Kinder wachsen lässt, verjüngt auch alte Männer

Die Presse staunte nicht schlecht, als Daniel Rudman, tätig am Medical College of Wisconsin, ehemalige Greise vorstellte, die er innerhalb von Wochen scheinbar um Jahre verjüngt hatte. Was war passiert?

Dr. Daniel Rudman hatte seinen Patienten, alles schwächliche Greise, sechs Monate lang dreimal wöchentlich das Wachstumshormon Somatotropin (STH) injiziert. Schon kurz nach Studienbeginn machten die Senioren eine deutliche Wandlung durch. Ihr Körperfettanteil nahm ab, die Muskelmasse zu, die Haut straffte sich. Am Ende der Studie konnten die ehemaligen Greise durchschnittlich fast neun Prozent mehr Muskeln und etwa 15 Prozent weniger Fett präsentieren. Die Haut war straffer und hatte weniger Falten. Durch dieses Experiment ermutigt, rüstete Rudman weitere 42 Männer mit STH auf. Jeder Zweite zeigte den erwarteten Verjüngungseffekt, nur wenige mussten wegen Nebenwirkungen vorzeitig abbrechen (Rademacher 1990, Ernst 1993).

Das Wachstumshormon STH ist ein körpereigener Botenstoff, der vor allem während der Kindheit in der Hirnanhangsdrüse produziert wird. STH sorgt dafür, dass wir am 18. Geburtstag drei- bis viermal größer sind als bei der Geburt und dass während der Wachstumsphase ausreichend Energie zur Verfügung gestellt wird. Nach der Kindheit, spätestens nach dem 30. Lebensjahr, nimmt die körpereigene Produktion dieses Wachstumsfaktors unaufhaltsam ab. Wahrscheinlich spielt der Abfall dieses Hormons eine wichtige Rolle bei der Alterung. Auffallend ist, dass besonders bei übergewichtigen Personen der STH-Spiegel deutlich niedriger liegt als bei Schlanken. Auch die altersbedingte Abnahme der Muskelmasse und andere typische Alterserscheinungen sind möglicherweise eine Folge des Mangels.

Zahlreiche Studien in USA überprüfen derzeit die Wirkung von Wachstumshormonen auf den Alterungsprozess. Als gesichert kann gelten, dass STH das Risiko für Knochenschwund und Herzinfarkt verringert, den Fettabbau und den Muskelaufbau fördert, die Abwehrkräfte und das Gedächtnis verbessert.

Wachstumshormone stehen zwar schon zur Behandlung von Kleinwüchsigen zur Verfügung, und auch zur Leistungssteigerung im Sport werden sie gelegentlich eingesetzt. Ob und wann Wachstumshormone für jeden, der jünger werden möchte, zu einem erschwinglichen Preis erhältlich sind, steht allerdings noch nicht fest. Auch sind die Nebenwirkungen bei dauerhafter Einnahme noch nicht ausreichend untersucht. Zurzeit ist das Verjüngungshormon für den breiten Einsatz noch zu teuer. Eine »Monatsdosis« schlägt mit 400–600 Euro zu Buche.

So können Sie den körpereigenen Wachstumshormonspiegel beeinflussen!

In gewissen Grenzen lässt sich der körpereigene STH-Spiegel aber auch durch Verringerung der Nahrungszufuhr oder Fasttage anheben. Durch eine häufige Zufuhr zucker- und kohlenhydrathaltiger Nahrungsmittel steigt der Blutzuckerspiegel an. Das bewirkt wiederum die Ausschüttung des blutzuckersenkenden Hormons Insulin. Insulin seinerseits verhindert die Ausschüttung der verjüngenden Wachstumshormone. Diese werden vor allem in längeren Nüchternheitsphasen produziert. Besonders günstig auf die Höhe des Wachstumshormonspiegels wirkt sich das »Dinner-Cancelling«, das Streichen des Abendessens, aus. Wer das Abendessen ausfallen lässt bzw. nach 17.00 Uhr nichts mehr isst, steigert dadurch die Bildung körpereigener verjüngender Wachstumshormone. (Mehr dazu finden Sie auch in unserem Ernährungskapitel.) Vor allem nachts zwischen 23.00 und 3.00 Uhr läuft die Produktion der Wachstumshormone auf Hochtouren. Deshalb ist der Schlaf in dieser Zeit wahrscheinlich besonders gesundheitsfördernd.

Angeregt werden kann die Ausschüttung der schlank machenden und verjüngenden Wachstumshormone auch durch die abendliche Einnahme der Aminosäuren Arginin, eventuell ergänzt durch die Einnahme von Ornithin. Zusätzlich – das ist aber nicht unbedingt notwendig – kann die Einnahme noch durch Lysin ergänzt werden. (Bitte beachten Sie die Dosierungsempfehlungen der entsprechenden Präparate.) Arginin und Ornithin fördern die Ausschüttung körpereigener Wachstumshormone, die Aminosäure Lysin hebt den Blutspiegel der vorgenannten Aminosäuren an und kann dadurch die Wirkung noch verstärken. Wird gleichzeitig eine etwas kalorienreduzierte Ernährung beachtet, regen diese Aminosäuren zusätzlich den Abbau von Fettgewebe an. Die Aminosäuren sollten auf nüchternen Magen mit etwas Wasser oder ungesüßtem Tee eingenommen werden. Anschließend sollte man – um die optimale Aufnahme der Aminosäuren zu gewährleisten – mindestens 30 Minuten nichts essen. Auch eine argininreiche Abendmahlzeit um 17.00 Uhr (Fisch, mageres Fleisch, Nüsse, Sonnenblumenkerne) fördert die Wachstumshormonausschüttung. Danach darf aber an diesem Abend nichts mehr gegessen werden, und es sollten nur kalorienfreie Getränke getrunken werden. Die Wirkung kann verstärkt werden durch die zusätzliche Einnahme von Zink, Magnesium, Vitamin B_6, Vitamin C und Niacinamid.

In einer kürzlich veröffentlichten Studie wurde die Wirkung eines abendlichen Alkoholgenusses auf unterschiedliche Hormonspiegel untersucht. Dabei wurde festgestellt, dass Alkohol – spät am Abend getrunken – die nächtliche Ausschüttung von Wachstumshormonen hemmt (Turner 2001). Wenn Sie die nächtliche Produktion der Wachstumshormone nicht beeinträchtigen wollen, sollten Sie deshalb nach 19.00 Uhr auf Alkohol verzichten.

Arginreiche Nahrungmittel

Diese Nahrungsmittel enthalten besonders viel Arginin, einen Eiweißbaustein, der für die Bildung der Wachstumshormone benötigt wird:

100 g	*Arginingehalt*
Erdnüsse	3500 mg
Sojabohnen	2300 mg
Weizenkeime	2300 mg
Haselnüsse	2000 mg
Garnelen	1700 mg
Lammfleisch	1400 mg
Hühnerfleisch	1400 mg
Tunfisch	1300 mg
Haferflocken	900 mg
Eier	400 mg

Melatonin – Schlafhormon und Alternsbremse

Haben Sie sich schon einmal Gedanken darüber gemacht, warum wir normalerweise müde werden, sobald es abends dunkel wird? Verursacht wird die Müdigkeit durch das Hormon Melatonin, welches von der Zirbeldrüse (Epiphyse) gebildet wird. Mit unserer Nahrung, vor allem wenn wir Hülsenfrüchte wie Sojabohnen, Erbsen oder Bohnen, Fisch und Meeresfrüchte, Eier, Lammfleisch und Ananas essen, nehmen wir die Aminosäure Tryptophan in größeren Mengen auf. Unser Organismus bildet tagsüber daraus den Neurotransmitter (Botenstoff im Nervensystem) Serotonin. Sobald es dunkel wird – die Zirbeldrüse ist über den Sehnerv mit der Außenwelt verbunden –, wird Serotonin in das Schlafhormon Melatonin umgewandelt. Dieses bewirkt, dass sich unser ganzer Organismus auf die bevorste-

hende Nachtruhe einstellt: Der Blutdruck sinkt, unser Herz schlägt langsamer, die Augen fallen uns zu. Um einen guten Schlaf zu gewährleisten, ist der Melatoninspiegel nach Mitternacht am höchsten, am frühen Nachmittag am niedrigsten.
Doch was hat dieses Hormon, das unsere »innere Uhr« steuert, mit dem Jungbleiben zu tun? Offensichtlich eine ganze Menge. Verpflanzt man die Zirbeldrüse, also die Melatonin-Produktionsstätte, von alten Mäusen in junge ein, so beginnen diese zusehends zu altern und versterben etwa ein Drittel früher als ihre Artgenossen. Doch das Experiment funktioniert auch andersherum: Alte Tiere, die die hochaktiven Zirbeldrüsen der jungen Mäuse erhalten, werden plötzlich wieder agiler, fitter und ganz offensichtlich wieder jünger. Sie überleben ihre gleichaltrigen Artgenossen um bis zu 50 Prozent. Mischte man Mäusen Melatonin ins Futter oder ins Trinkwasser, lebten diese 20 bis 30 Prozent länger als Kontrolltiere, denen das »Verjüngungshormon« nicht verabreicht wurde.
Bei uns Menschen ist der Melatoninspiegel in der Kindheit hoch und nimmt dann kontinuierlich ab. Ob ein Melatoninmangel bei Erwachsenen ein Grund für unsere Alterung ist, steht noch nicht fest. Sicher ist, dass Melatonin, ähnlich wie die antioxidativen Vitamine A, C, E und die Spurenelemente Selen und Zink, als Radikalenfänger wirksam ist. Wird der Angriff der freien Radikale gebremst, verlaufen Alterungsprozesse langsamer. Offensichtlich handelt es sich bei Melatonin um einen besonders wirkungsvollen Radikalenfänger, der auch im Inneren der Zellen wirkt. Vielen anderen Antioxidantien ist es nicht möglich, ins Zellinnere zu gelangen.
Möglicherweise ist aber nicht nur das Hormon selber, sondern auch der dadurch hervorgerufene gute und tiefe Schlaf ein Grund für die verjüngende Wirkung einer ausreichenden Melatoninzufuhr. Melatonin ist die körpereigene »Schlaftablette«.

Jeder weiß, dass man älter und schlechter aussieht, wenn man schlecht geschlafen hat. Im Schlaf kann der gesamte Organismus regenerieren, das Immunsystem kann sich erholen, und Energiereserven können aufgefüllt werden.
Welche Melatonindosis ist am wirkungsvollsten? In Untersuchungen wurden Dosen von einem bis zehn Milligramm eingenommen. Die optimale Dosis ist aber sicher abhängig vom gewünschten Effekt. Eingenommen werden sollten die Hormone etwa 30 Minuten bis eine Stunde vor der gewünschten Einschlafzeit. Dennoch sind auch hier die Auswirkungen einer langfristigen Melatonineinnahme noch nicht erforscht.

So können Sie den körpereigenen Melatoninspiegel beeinflussen!

Auch der körpereigene Melatoninspiegel lässt sich beeinflussen. Sorgen Sie für ausreichend Schlaf in einem möglichst dunklen Zimmer, denn Licht bremst augenblicklich die Produktion des Schlafhormons. Jeder Lichteinfall in das Schlafzimmer verringert die Melatoninproduktion. Ebenso soll die Strahlung eingeschalteter Handys und schnurloser Telefone die Melatoninproduktion der Zirbeldrüse behindern. Verbannen Sie deshalb diese Geräte aus Ihrem Schlafzimmer. Regelmäßige Entspannungsübungen wirken sich positiv auf den Melatoninspiegel aus. Stress hingegen blockiert die Bildung des Schlafhormons Melatonin in der Zirbeldrüse. Ebenso scheint sich Johanniskraut (Hypericum perforatum) günstig auf den Melatoninspiegel auszuwirken. Bekannt war bisher, dass es stimmungsaufhellend wirkt und in Stress-Situationen Nervosität und Unruhe beseitigt. Inzwischen weiß man aber auch, dass Johanniskraut die Ausschüttung des Verjüngungshormons Melatonin anregt.

Die Anti-Aging-Hormone im Überblick

In dieser Tabelle haben wir Ihnen noch einmal die wichtigsten Informationen über die Verjüngungshormone zusammengestellt.

Anti-Aging-Wirkung	Mögliche Nebenwirkung bei Einnahme von Hormonpräparaten	Typische Beschwerden, die auf einen Hormonmangel hinweisen können	So können Sie die körpereigene Hormonproduktion anregen
ÖSTROGENE			
– schützen vor Knochenschwund – senken Risiko für Herzinfarkt und Arterienverkalkung – fördern Haarwachstum, halten d. Haut jung – lassen uns jünger aussehen – bessern Wechseljahresbeschwerden – schützen wahrscheinlich auch vor M. Alzheimer – sorgen für psychische Ausgeglichenheit – auch f. Männer wichtig!	– Möglicherweise leicht erhöhtes Brustkrebsrisiko – erhöhtes Thromboserisiko – Männer: bei hoch dosierter Einnahme droht Verweiblichung	Bei Mann und Frau! – Hitzewallungen, Schweißausbrüche – Depressionen – Selbstwertminderung – Schlafstörungen – Sehstörungen – nächtliches Wasserlassen – Osteoporose – nachlassende geistige Leistungsfähigkeit – vermehrte Faltenbildung, trockene Haut – Haarausfall – vorgealtertes Aussehen	– Regelmäßiger Verzehr phytohormonhaltiger Nahrungsmittel oder Nahrungsergänzungspräparate (Soja, Rotklee, Hopfen, Gelee royal u. a.)

Anti-Aging-Wirkung	Mögliche Nebenwirkung bei Einnahme von Hormonpräparaten	Typische Beschwerden, die auf einen Hormonmangel hinweisen können	So können Sie die körpereigene Hormonproduktion anregen
TESTOSTERON			
– steigert die körperliche und geistige Leistungsfähigkeit – notwendig für Potenz und Fortpflanzung – wichtig für Blutbildung und Immunsystem – fördert den Muskelaufbau – festigt die Knochen – ist wichtig für Durchsetzungsvermögen und Selbstvertrauen	– Anstieg des Blutfettspiegels, regelmäßige Cholesterinkontrolle notwendig – evtl. erhöhtes Risiko für gutartige und bösartige Prostataerkrankungen, regelmäßige Untersuchung der Prostata sowie Bestimmung des PSA-Wertes notwendig – Haarausfall	– Gedächtnis- und Konzentrationsstörungen – nachlassende Leistungsfähigkeit – Nachlassen von Potenz und Libido – Ängstlichkeit – Fettansatz am Bauch – Rückbildung der Muskulatur – Blutarmut – Schwächung des Immunsystems – Osteoporose – Schlafstörungen – trockene Haut – Stimmungsschwankungen – Prostataerkrankungen	– Regelmäßiger Verzehr von Hafer, Ginseng – Verwendung pflanzlicher Öle und fettreiche Nahrungsmittel – Gewichtsreduktion – mäßige sportliche Aktivitäten – Verzicht auf Alkohol, Nikotin – Stressabbau – Einnahme von Zinktabletten oder Verzehr zinkhaltiger Nahrungsmittel (Austern, Fisch, Weizenkeime)

Anti-Aging-Wirkung	Mögliche Nebenwirkung bei Einnahme von Hormonpräparaten	Typische Beschwerden, die auf einen Hormonmangel hinweisen können	So können Sie die körpereigene Hormonproduktion anregen
DHEA – senkt Stresshormonspiegel – wird zur Bildung anderer lebenswichtiger Hormone benötigt – gilt als »Wellnesshormon« – verbessert geistige Leistungsfähigkeit – günstige Auswirkungen auf das Herz-Kreislauf-System – schützt vor Knochenschwund – stärkt Immunsystem – wird bei Frauen in Testosteron, bei Männern in Östrogen umgewandelt	– Bei Frauen kann eine Überdosierung zu Akne, fettigen Haaren oder Vermännlichung führen – Kopfschmerzen	– Erhöhte Stressanfälligkeit – nachlassende Gedächtnisfunktion – Müdigkeit – Schwächung des Immunsystems – vermehrter Fettansatz – Antriebslosigkeit – Osteoporose – Schlafstörungen	– Tägliche Einnahme von 200 µg Chrom – regelmäßiger Verzehr squalenhaltiger Nahrungsmittel: Auberginen, Fisch, v. a. Tunfisch, Lachs u. a., Avocado, Olivenöl, Kürbiskernöl, Rapsöl – Stressabbau – Einnahme von Yamswurzel-Extrakten (Wild Yam)

Anti-Aging-Wirkung	Mögliche Nebenwirkung bei Einnahme von Hormonpräparaten	Typische Beschwerden, die auf einen Hormonmangel hinweisen können	So können Sie die körpereigene Hormonproduktion anregen
MELATONIN			
– fördert den Schlaf – wirkt als Radikalenfänger, verlangsamt Alterungsprozesse – stärkt Abwehrkräfte – bremst evtl. Tumorwachstum – günstig zur Beseitigung des Jetlags – verlangsamt die Zellteilung und kann dadurch den Alterungsprozess bremsen – füllt die körpereigenen Energiereserven auf	– Schläfrigkeit bei Einnahme am Tag und sehr hoher Dosierung (Einnahme nur abends!)	– Schlafstörungen – beschleunigte Alterung – evtl. Abwehrschwäche – evtl. nachlassende geistige Leistungsfähigkeit	– Völlige Dunkelheit im Schlafzimmer, – Einnahme von Johanniskraut – Handy aus dem Schlafzimmer verbannen – ab 15.00 Uhr auf Kaffee und coffeinhaltige Getränke verzichten

Anti-Aging-Wirkung	Mögliche Nebenwirkung bei Einnahme von Hormonpräparaten	Typische Beschwerden, die auf einen Hormonmangel hinweisen können	So können Sie die körpereigene Hormonproduktion anregen
WACHSTUMSHORMON			
- stärkt die Knochen - verbessert die geistige Leistungsfähigkeit - verbessert die Abwehrkräfte - baut Fettgewebe ab und Muskulatur auf - strafft die Haut - schützt Herz und Gefäße vor Alterung und Verkalkung - kann evtl. bei Arthrose den Knorpel regenerieren - wirkt stimmungsaufhellend - steigert die körperliche Leistungsfähigkeit	- Möglicherweise Beschleunigung eines Tumorwachstums	- Vermehrter Fettansatz, vor allem am Bauch - schlaffe, dünne, trockene Haut - Abbau der Muskulatur, Rückgang von Kraft und Ausdauer - Osteoporose - Leistungsabfall - Abwehrschwäche - nachlassende Gedächtnisfunktion	- Dinner-Cancelling bzw. nach 17.00 Uhr nichts mehr essen und nur noch kalorienfreie Getränke trinken - Verzehr argininreicher Nahrungsmittel - Einnahme von Nahrungsergänzungsprodukten mit Arginin, Ornithin und Lysin, Zink, Vitamin C - Übergewicht vermeiden

Die vier wichtigsten Tipps für die »Langlebigkeits-Hormone«

Vermeiden Sie Hormonkiller

Bestimmte Verhaltensweisen können dem Hormonsystem schaden. Nikotin, Alkohol, Leistungssport und Stress fördern die Bildung alt machender Hormone und bremsen die Ausschüttung der Langlebigkeits-Hormone. Lakritze kann die Produktion männlicher Hormone beeinträchtigen. Überprüfen Sie Ihre Lebensweise und meiden Sie die typischen »Hormonkiller«.

Nutzen Sie pflanzliche Hormonkraft

Mit den Jahren lässt die Produktion wichtiger Hormone nach. Pflanzenhormone können einen milden Ersatz für fehlende Hormone darstellen. Diese »Phytohormone« haben zwar nicht die gleiche Stärke wie rezeptpflichtige Hormonpräparate, aber auch nicht die Risiken und Nebenwirkungen. Die pflanzlichen Ergänzungen sollten Sie individuell auswählen. Fehlende weibliche Hormone lassen sich durch Soja, Leinsamen, Yamswurzel oder Hopfen ersetzen. Bei einem Mangel männlicher Hormone kann Hafer oder Ginseng helfen.

Lassen Sie das Abendessen ausfallen

Durch dieses »Dinner-Cancelling« wird die Ausschüttung verjüngender Wachstumshormone angeregt. Wenn Sie das Abendessen nicht ganz ausfallen lassen möchten, sollten Sie spätestens um 17.00 Uhr essen und dabei vor allem eiweißreiche Nahrungsmittel (Fisch, Hühnchenfleisch) zu sich nehmen. Die darin enthaltenen Eiweiße regen die Bildung verjüngender Hormone an.

Regulieren Sie Ihr Gewicht

Das Körpergewicht und der Körperfettanteil haben einen wichtigen Einfluss auf die Hormonproduktion. Bei Männern mit Übergewicht hebt ein Gewichtsverlust von fünf Kilo Fettgewebe den Testosteronspiegel um bis zu 30 Prozent an. Bei Frauen mit Untergewicht lässt hingegen die Bildung weiblicher Östrogene nach. Streben Sie deshalb ein Körpergewicht an, das bei Frauen zwischen einem BMI (Body-Mass-Index) von 19 bis 23 und bei Männern zwischen 21 und 24 liegt. Ihre Werte entnehmen Sie bitte der BMI-Tabelle im Anhang.

7. KAPITEL

In diesem Kapitel erfahren Sie,

- was eine Hautfalte mit Ihrem biologischen Alter zu tun hat
- wie gut Ihr Gedächtnis arbeitet
- was der Finger-Boden-Abstand über Ihre Beweglichkeit aussagt
- wie leistungsfähig Ihr Gleichgewichtssinn ist
- welchem Alter Ihre Reaktionsfähigkeit entspricht
- ob Sie eine Brille brauchen

Testen Sie Ihr biologisches Alter

»Alter spielt sich im Kopf ab,
nicht auf der Geburtsurkunde.«
*Martina Navratilova (*1956)*

Verlassen Sie sich nicht auf das Alter in Ihrem Ausweis

Sie haben jetzt eine ganze Menge erfahren über Lebensweisen und äußere Bedingungen, die uns schneller altern lassen oder uns auch länger jung halten können. Jetzt sollten Sie selber Bilanz ziehen und den Zustand einzelner Organe überprüfen.

Vielleicht sind Sie 30 Jahre alt und fühlen sich schon wie 50? Oder erblickten Sie vor 60 Jahren das Licht der Welt, glauben aber, dass Sie unternehmungslustiger sind als Ihre zehn Jahre jüngeren Bekannten?

In beiden Fällen könnten Sie Recht haben, denn das Alter, das im Pass steht, ist nicht zwangsweise identisch mit Ihrem biologischen Alter, welches den Zustand und die Fitness von Körper und Geist beschreibt. Letzteres hängt zwar auch von unseren Erbanlagen ab. Wenn die Eltern lange gelebt haben und noch im hohen Alter sehr vital waren, werden Sie sich im Alter wahrscheinlich noch lange gut fühlen. Das biologische Alter wird aber ganz entscheidend von unserer Lebensweise beeinflusst. Wer viele Jahre stark geraucht hat, ist oft mit 40 Jahren schon weniger leistungsfähig als ein nichtrauchender 50-Jähriger. Menschen, die lebenslang übergewichtig waren,

leiden oft mit 50 Jahren schon unter typischen Altersbeschwerden wie Gelenkverschleiß, Gefäßverkalkung oder Zuckerkrankheit. Bei schlanken Personen treten diese Beschwerden oft erst Jahrzehnte später auf.
Mit den nachfolgenden Tests können Sie selber herausfinden, wie weit Lebensalter und biologisches Alter bei Ihnen auseinander weichen und wie jung Ihr Organismus wirklich ist. Je nach Belastung können unterschiedliche Organsysteme auch unterschiedlich schnell altern. Aus diesem Grund haben wir für jedes Organsystem einen speziellen Test zusammengestellt.
Falls Sie biologisch jünger sein sollten, bestätigt das die Richtigkeit Ihrer bisherigen Lebensweise. Sollten Sie aber mit Schrecken feststellen, dass Ihr Körper älter ist, als Sie bisher angenommen haben, ist das noch kein Grund zu resignieren. Wir zeigen Ihnen in diesem Fall, was Sie tun können, um sich zu verjüngen.

Hautspannungstest

Ob wir uns schon früh über Knitterfältchen ärgern müssen oder lange wegen unserer glatten Haut beneidet werden, hängt vor allem von der Elastizität unserer Haut ab. Ihre Spannungskraft ist zu einem Teil genetisch bestimmt, einen weit größeren Einfluss auf unsere Hautbeschaffenheit hat aber unsere Lebensweise. Mit einem einfachen Hauttest können Sie Ihr »Hautalter« bestimmen.
Ziehen Sie eine Hautfalte auf Ihrem Handrücken mit Daumen und Zeigefinger hoch, halten Sie diese etwa zehn Sekunden zwischen den Fingern und lassen dann los. Wie lange dauert es, bis alle Spuren verschwunden sind?

Dauer bis zur Hautglättung	Biologisches Alter Ihrer Haut
Hautfalte ist sofort weg	20 Jahre
bis 2 Sekunden	30 Jahre
bis 3 Sekunden	40 Jahre
bis 4 Sekunden	50 Jahre
5 Sekunden und länger	60 Jahre und älter

Neben der natürlichen Abnahme der Hautelastizität sind vor allem häufige Sonnenbäder, Solariumsbesuche oder Flüssigkeitsmangel für das Schlafferwerden der Haut verantwortlich. Verwenden Sie deshalb täglich ein Sonnenschutzpräparat und trinken Sie ausreichend. Trockene, faltige Haut kann aber auch Folge eines Hormonmangels sein. Hormonpräparate schützen deshalb nicht nur vor Osteoporose, sondern können Ihnen auch zu einer jüngeren Haut verhelfen. Wir empfehlen Ihnen eine Kontrolle des Hormonspiegels, wenn Ihr biologisches Alter stark vom Lebensalter abweicht. Einen leichten Hormonmangel können Sie durch Phytohormone und eine entsprechende Lebensweise ausgleichen.
Stellen Sie vor allem das Rauchen ein: Die Haut von Rauchern sieht in der Regel älter aus als die Haut von Nichtrauchern. Forscher aus Großbritannien fanden jetzt die wissenschaftliche Erklärung dafür: Die Haut eines Rauchers enthält wesentlich höhere Konzentrationen eines bestimmten Proteins, das die stützenden Kollagenfasern im Bindegewebe zerstört. Dadurch fehlt es der Haut an Elastizität, und sie altert schneller. Forscher aus Dallas beobachteten, dass bei Raucherinnen vermehrt Wundheilungsstörungen nach plastischen Operationen auftreten. In den operierten Gebieten kam es bei Raucherinnen auffallend häufiger zu Nekrosen (Gewebetod) als bei Nichtraucherinnen. Die Wissenschaftler empfehlen daher, vor und nach

einem solchen Eingriff ein Rauchverbot zu verhängen, um das Risiko postoperativer Komplikationen zu verringern.

Lungenvolumentest

Schon mit 30 Jahren lässt sogar bei gesunden Menschen die Lungenleistung nach. Chronische Lungenerkrankungen, Rauchen, Übergewicht oder Bewegungsmangel beschleunigen den Abbau. Wer jedoch gesund lebt und ein mäßiges Bewegungsprogramm absolviert, kann seine Lungenleistung oft bis ins Alter auf einem hohen Niveau halten.
Ein einfacher Test kann Aufschluss über Ihre Lungenfunktion geben:
Aus welcher Entfernung können Sie eine Kerze ausblasen?

Entfernung	Biologisches Alter Ihrer Lunge
1,5 Meter	20 Jahre
1,3 Meter	30 Jahre
1,0 Meter	40 Jahre
0,8 Meter	50 Jahre
unter 0,8 Meter	60 Jahre und älter

Unzufrieden mit Ihrer Lungenleistung? Geben Sie auf jeden Fall das Rauchen auf! Nach einigen Monaten hat sich Ihre Lungenleistung dann schon von selbst verbessert. Steigern lässt sich die Lungenleistung auch durch ein leichtes Bewegungsprogramm. Wenn Sie zusätzlich viermal täglich einen Luftballon aufblasen, wird Ihre Lunge schon in einigen Wochen jünger und leistungsfähiger werden, vorausgesetzt, es liegt keine chronische Lungenerkrankung vor.

Gedächtnistest

Mit dem richtigen Training bleibt unser Gedächtnis bis ins hohe Alter leistungsfähig, doch schon wenige Tage Faulenzen lässt den IQ absinken. Langeweile, Lethargie, Eintönigkeit in Beruf und Privatleben, Fehlen neuer Eindrücke führen zu einem raschen Abbau der nicht genutzten Hirnkapazität. Der Intelligenzquotient (IQ) kann schon während eines dreiwöchigen, langweiligen Krankenhausaufenthalts um bis zu 30 Prozentpunkte abnehmen. Es ist deshalb wichtig, das Gedächtnis in jeder Lebenssituation zu trainieren. Wie jung Ihre grauen Zellen sind, können Sie mit folgendem Test überprüfen.
Versuchen Sie, sich 60 Sekunden lang folgende Begriffe einzuprägen. Dann legen Sie das Buch für fünf Minuten zur Seite und beschäftigen sich mit anderen Dingen. Anschließend schreiben Sie die Begriffe auf, die Ihnen noch in Erinnerung sind.

Stempel	Tasche
Kalender	Beamter
Urlaub	Brücke
Schrank	Auge
Füller	Kamel
Telefon	Blitz
Creme	Freude
Apfel	Hütte
Tür	Fisch
Wind	Fahrrad
Flasche	Himmel
Baum	Stuhl

Anzahl der Begriffe	Biologisches Alter Ihres Kurzzeitgedächtnisses
18 und mehr	20 Jahre
14–17	30 Jahre
11–13	40 Jahre
8–10	50 Jahre
5–7	60 Jahre
weniger als 5	70 Jahre

Nur wer rastet, dessen Geist rostet. Während niemand anzweifelt, dass körperliche Fähigkeiten wie Ausdauer, Beweglichkeit, Balanciervermögen, aber auch die Ausdruckskraft der Stimme und die Sensibilität der Geschmacksnerven durch regelmäßiges Training verbessert werden können, wurde »Gehirntraining« lange von ernsthaften Wissenschaftlern belächelt. Inzwischen steht aber fest, dass unser Gehirn, ähnlich wie ein Muskel, nicht nur trainierbar ist, sondern sogar trainiert werden muss, wenn es seine Leistungsfähigkeit in jedem Alter beibehalten soll.

Altern bedeutet zudem nicht automatisch einen Verlust der geistigen Fähigkeiten. Unser Gehirn ist sogar ziemlich zäh: Von den 100 Milliarden Nervenzellen gehen unter normalen Umständen noch nicht einmal fünf Prozent bis zum 75. Geburtstag zugrunde.

Schon ein tägliches, zehnminütiges Training kann entscheidend zur »Hirnfitness« beitragen. Die Ergebnisse einer aufsehenerregenden amerikanischen Langzeitstudie bestätigen das. Der Psychologe Warner Schaie, tätig an der Pennsylvania State University, beobachtete über einen Zeitraum von 35 Jahren 5000 Männer und Frauen. Getestet wurden in regelmäßigen Abständen verschiedene geistige Fähigkeiten wie Argumentationsfähigkeit, Sprachvermögen und Orientierung. Ein deutlicher Abfall der Hirnleistungsfähigkeit zeigte sich nur bei den Personen, die sich schon immer gerne berieseln ließen, ein relativ eintöniges Leben geführt haben und schon in jungen Jahren geistig unbeweglich und träge waren. Die regen Testpersonen konnten ihre geistige Flexibilität über lange Zeit fast konstant halten (Siefer, Sanides 1995).

Lösen Sie deshalb täglich mindestens zehn Minuten Kreuzworträtsel, spielen Sie öfters mal wieder Schach, erledigen Sie Einkäufe ohne Zettel, lernen Sie eine neue Sprache ... Die Funktion des Gehirns verbessert sich aber auch durch Entspannungstraining und ausreichend Schlaf. Unterstützt werden kann das Gedächtnis durch den pflanzlichen Wirkstoff Gingko biloba. Die Einnahme von 240 mg Gingko-Extrakten (z. B. Tebonin) über vier Wochen konnte in einer Untersuchung an 66 »hirngesunden« Studienteilnehmern zwischen 50 und 65 Jahren die Stimmung, die Motorik und die geistige Leistungsfähigkeit verbessern.

Beweglichkeitstest

Kinder können ohne Schwierigkeiten die große Zehe in den Mund stecken oder die Beine über den Kopf heben. Viele Erwachsene haben dagegen Problem, die Schuhe zuzubinden, ohne die Füße auf den Stuhl zu stellen. Doch auch hier gilt: Übung macht den Meister. Regelmäßige Dehnungsübungen sind nötig, um die Elastizität der Sehnen, Bänder und Gelenke zu erhalten.

Wie dehnbar Ihre Sehnen und Bänder sind, können Sie mit unserem Test feststellen. Drücken Sie die Beine durch und versuchen Sie mit den Fingern den Boden zu erreichen.

Bodenabstand	Biologisches Alter Ihrer Sehnen und Bänder
Ich kann die flachen Hände auf den Boden legen	20 Jahre
Ich kann mit den Fingerspitzen den Boden berühren	30 Jahre
Es fehlen höchstens 10 cm	40 Jahre
Es fehlen 20 cm oder mehr	50 Jahre oder älter

Wenn Sie beweglicher werden möchten, sollten Sie täglich ein kleines Stretchingprogramm durchführen. Einige Übungen dazu finden Sie im Anhang. Wichtig ist, dass Sie besonders bei Dehnungsübungen nichts erzwingen und sich nur so weit strecken, dass Sie keine Schmerzen haben. Geduld ist dabei wichtig. Erfolge im Bereich der Beweglichkeit kommen nicht so schnell wie beim Konditionstraining.
Angemerkt sei hier noch, dass Frauen bei gleichem Training oft beweglicher sind als Männer, da Östrogene, die weiblichen Geschlechtshormone, eine gewisse »Weichmacherfunktion« für Bänder und Sehnen haben.

Gleichgewichtstest

Fast alle Körperfunktionen, die wir nicht regelmäßig gebrauchen, werden nach und nach schlechter. Das gilt auch für die Körperbalance. Kleine Kinder sind uns bei Gleichgewichtsübungen oft überlegen, denn sie trainieren diese Fähigkeit regelmäßig durch Rollschuh- und Skateboardfahren. Sie balancieren auf der Bordsteinkante, hüpfen auf einem Bein und versuchen freihändig mit dem Fahrrad zu fahren. Ein Drahtseilartist, der jeden Tag Gleichgewichtsübungen macht, kann auch mit 70 Jahren noch problemlos das Drahtseil überqueren. Wer sich aber nicht durch solche artistischen Übungen fit hält, für den wird es im Alter immer schwerer, seinen Körper auszubalancieren, denn das Gleichgewichtsorgan im Innenohr wird schwächer, wenn es nicht trainiert wird.

Wie gut Ihr Gleichgewichtssinn ausgeprägt ist, können Sie mit folgendem Test überprüfen: Stellen Sie sich mit geschlossenen Augen auf ein Bein und stoppen Sie die Zeit, bis Sie die Balance verlieren und das andere Bein aufsetzen müssen.

Zeit	**Biologisches Alter Ihres Gleichgewichtssinns**
60 Sekunden und länger	20 Jahre
40–59 Sekunden	30 Jahre
30–39 Sekunden	40 Jahre
25–29 Sekunden	50 Jahre
weniger als 25 Sekunden	60 Jahre und älter

Ihren Gleichgewichtssinn können Sie verbessern, indem Sie diese und die folgenden Übungen regelmäßig trainieren.
Balancieren Sie auf einer Linie am Boden. Wenn Ihnen das zu leicht erscheint, können Sie zum Üben auch den Bordstein verwenden.
Stellen Sie sich öfters mal mit geschlossenen Augen auf ein Bein. Sollten Sie diese Übung beherrschen, können Sie auch auf einem Bein hüpfen.
Kennen Sie noch die Standwaage aus der Schulzeit? Strecken Sie, auf einem Bein stehend, das andere Bein nach hinten und beugen Sie den Oberkörper zum Ausgleich nach vorne.

Reaktionstest

Eine gute Reaktionsfähigkeit ist nicht nur ein Zeichen für ein junges Nervensystem, sondern kann im Straßenverkehr und im Beruf sogar lebensrettend sein. Die Reaktionsfähigkeit muss mit den Jahren nicht zwangsläufig schlechter werden. Wir reagieren im Alter aber langsamer, weil wir diese angeborene Fähigkeit nicht häufig genug trainieren.
Um Ihre Reaktionsfähigkeit zu testen, benötigen Sie nichts weiter als eine Stoppuhr, die mit demselben Knopf gestartet und gestoppt werden kann. Drücken Sie nun den Startknopf und sofort den Stoppknopf. Üben Sie erst einige Male, bevor Sie Ihre Testzeit bestimmen.

Reaktionszeit	Biologisches Alter Ihres Reaktionsvermögens
bis 10 hundertstel Sekunden	20 Jahre
bis 15 hundertstel Sekunden	30 Jahre
bis 18 hundertstel Sekunden	40 Jahre
bis 20 hundertstel Sekunden	50 Jahre
> 20 hundertstel Sekunden	60 Jahre

Wenn Sie keine Stoppuhr zur Hand haben, können Sie den Test auch mit einem Lineal durchführen. Ihr Partner hält ein 30 Zentimeter langes Lineal am oberen Ende fest. Sie selber gehen mit Ihrer Hand unten am anderen Linealende in Wartestellung. Nun lässt Ihr Partner das Lineal los, und Sie fassen so schnell wie möglich nach dem Lineal.
Lesen Sie nun an der Skala ab, wie gut Ihre Reaktionsfähigkeit ist.

Bei welcher Markierung haben Sie das Lineal gefangen?	
8 cm	20 Jahre
15 cm	30 Jahre
20 cm	40 Jahre
25 cm	50 Jahre
30 cm	60 Jahre
nicht gefangen	70 Jahre und älter

Ihre Reaktionszeit können Sie natürlich durch regelmäßiges Trainieren mit der Stoppuhr verbessern, doch es geht auch abwechslungsreicher mit Flippern, Squash-Spielen oder Ballspielen. Auch Jonglieren ist eine hervorragende Möglichkeit, die Reaktionsfähigkeit auf spielerische Weise zu trainieren.

Herz-Kreislauf-Test

Die Fitness des Herz-Kreislauf-Systems lässt sich relativ gut an der Höhe Ihres Ruhepulses abschätzen. Die Pulsfrequenz ist ein Marker für die Fitness des Herz-Kreislauf-Systems, wenn Ihr Herz gesund ist. Je niedriger Ihr Ruhepuls ist, desto leistungsfähiger sind Sie. Messen Sie den Puls, nachdem Sie mindestens zehn Minuten ruhig gesessen haben. In dieser Zeit sollten Sie sich auch psychisch beruhigt haben (nicht den Puls während eines spannenden Krimis oder nach einem aufregenden Telefonat bestimmen!). Den Puls können Sie am Handgelenk an der Daumenseite oder am Hals messen. Je niedriger Ihr Puls, desto jünger ist Ihr Herz-Kreislauf-System. Achtung: Infekte, Schilddrüsenüberfunktion oder Entzündungen können den Puls beschleunigen und das Ergebnis verfälschen. Auch für Personen mit Herz-Kreislauf-Erkrankungen oder bei Einnahme bestimmter Medikamente zur Blutdrucksenkung hat dieser Test keine Aussagekraft.

Pulswert	Biologisches Alter des Herz-Kreislauf-Systems
60 Schläge	20 Jahre
65 Schläge	30 Jahre
70 Schläge	40 Jahre
75 Schläge	50 Jahre
80 Schläge	60 Jahre
85 Schläge und mehr	70 Jahre

Trainiert werden kann das Herz-Kreislauf-System durch ein mäßiges Bewegungstraining. Ideal sind drei bis vier Bewegungseinheiten à 30 Minuten pro Woche. Verzichten Sie aber auf ein leistungsorientiertes, ehrgeiziges Training, das Sie in Stress versetzt. Sportarten, bei denen sich Training und Entspannung optimal verbinden lassen, sind aus sportmedizinischer Sicht vor allem mäßige Ausdauersportarten wie Wandern, langsames Joggen, Walking, Radfahren oder Schwimmen. Wenn Sie sich mit diesen Aktivitäten aber überhaupt nicht anfreunden können, dürfen Sie sich natürlich auch für eine andere Sportart entscheiden. Wählen Sie Ihr Tempo so, dass Sie noch genug Luft haben, um sich mit Ihrem Trainingspartner unterhalten zu können.
Auch durch Entspannungsübungen kann die Herzfrequenz abnehmen und dadurch die körperliche Leistungsfähigkeit besser werden.

Sehtest

Bitte lesen Sie den nachfolgenden Text von Eugen Roth ohne Brille und bei Tageslicht in normaler Leseentfernung (ca. 30 cm).

Die Krankheit, statt sogleich zu wüten, Lässt uns meist Zeit, sie auszubrüten.	über 80 Jahre
Zum Beispiel mancher sich nichts denkt, Im Augenblick, wo ihn wer kränkt.	71–80 Jahre
Erst nachts dann, wenn er schlaflos liegt, Merkt er, dass er was abgekriegt.	61–70 Jahre
Und ist auf einmal so erbittert, Dass ihm vor Zorn die Nase zittert.	51–60 Jahre
Die Kränkung, jetzt erst ausgebrochen, Bedarf zur Heilung vieler Wochen;	45–50 Jahre
Vergebens feilt er nun am Wort, Das ihm geholfen hätt – sofort.	bis 44 Jahre

ANHANG

Im Anhang erfahren Sie,

- wie Sie Ihren Body-Mass-Index bestimmen
- wie man eine Fastenwoche gestalten sollte
- welche Dehnungsübungen Ihre Muskeln elastisch halten
- wo Sie noch mehr Informationen zum Thema Langlebigkeit finden können

Anhang 1: Der Body-Mass-Index

Sie können den Body-Mass-Index (BMI) berechnen nach der Formel (Gewicht in kg): (Größe in Meter x Größe in Meter). Einfacher lässt sich der BMI-Wert aus dem unten stehenden Nomogramm ablesen: Stellen Sie Ihre Körpergröße und Ihr Gewicht (ohne Kleidung) fest. Nehmen Sie ein Lineal und legen dieses auf der linken Seite auf Ihre Körpergröße und auf der rechten Seite auf Ihr Gewicht. Der Schnittpunkt mit der mittleren Achse ist der für Sie gültige BMI-Index. Für Frauen sollte der BMI (Body-Mass-Index) zwischen 19 und 23, für Männer zwischen 21 und 24 liegen.
Noch vor einigen Jahren zog man zur Bestimmung des optimalen Gewichts die Berechnung des Normalgewichts (Körpergröße in Zentimeter minus 100) bzw. das Idealgewicht (vom Normalgewicht werden noch einmal 10% bzw. 15% abgezogen) heran. Diese Berechnungsformel ist aber vor allem bei sehr kleinen und sehr großen Menschen ungenau.
Ergänzt werden kann die Gewichtsbestimmung durch die Messung des Körperfettanteils. Der gesundheitlich gerade noch akzeptable Grenzwert liegt für Männer bei durchschnittlich 27% Körperfettanteil, Frauen dürfen bis zu 35% Fett haben. Der deutliche Unterschied zwischen den Geschlechtern beruht vor allem auf der unterschiedlichen hormonellen Ausstattung. Der Spiegel des muskelaufbauenden Sexualhormons Testosteron liegt beim Mann deutlich höher als beim weiblichen Geschlecht, weshalb Frauen einen höheren Körperfettanteil haben dürfen, ohne dass es gesundheitliche Folgen hat. Die idealen Körperfettwerte ändern sich allerdings auch mit den Jahren. Während sie bei unter 30 Jahren zwischen 15% und 25% betragen sollten, dürfen über 40-Jährige durchaus 20% bis 30% Fett auf den Hüften haben.
Körperfettmessungen werden in vielen Apotheken oder Fitness-Studios durchgeführt. Für den »Hausgebrauch« reicht aber auch ein einfaches Gerät zur Bestimmung der Hautfaltendicke.

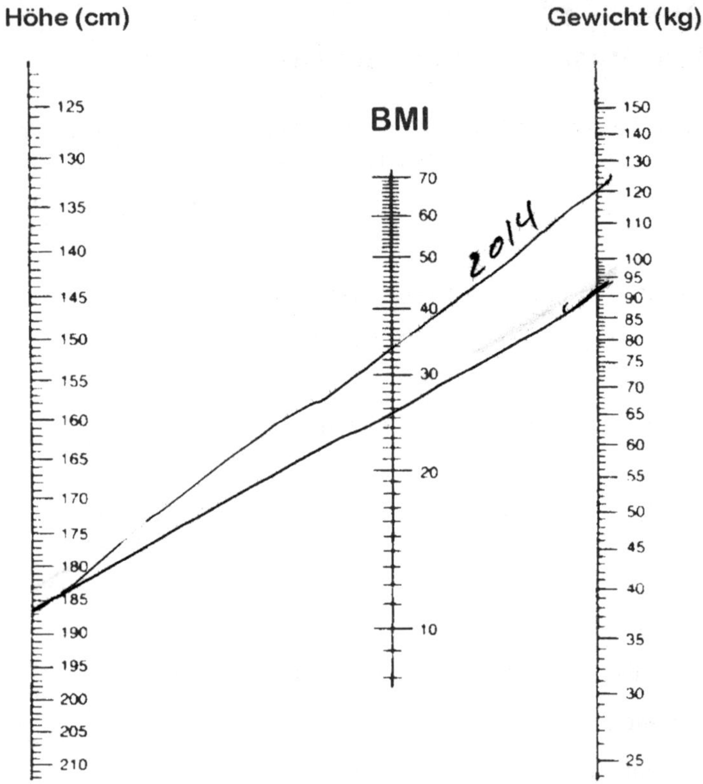

Nomogramm zur Bestimmung des Body-Mass-Index (BMI)

Wenn Sie damit Ihren BMI-Wert bestimmen möchten, sollten Sie folgendermaßen vorgehen:

1. Stellen Sie Ihre Körpergröße und Ihr Gewicht (ohne Kleidung) fest.
2. Nehmen Sie nun ein Lineal und legen dieses im Nomogramm auf der linken Seite auf Ihre Körpergröße und auf der rechten Seite auf Ihr Gewicht.
3. Der Schnittpunkt mit der mittleren Achse ist der für Sie gültige BMI-Index. Für Frauen sollte der BMI (Body-Mass-Index) zwischen 19 bis 23, für Männer zwischen 21 und 24 liegen.

Anhang 2: Ernährungsvorschläge zur Fastenwoche

Wenn Sie mehrere Tage auf feste Nahrung verzichten wollen, empfehlen wir Ihnen folgende Vorgehensweise.

1. Tag: Entlastungstag

Frühstück: Müsli mit Obst ohne Zucker.

Mittagessen: Salate, mit Olivenöl und Essig angemacht, sowie Obst.

Abendessen: Gedünstetes Gemüse, gedünsteter Fisch oder Naturjoghurt.

Trinken Sie dazu mindestens zwei Liter ungesüßten Tee oder Mineralwasser.

2., 3. und 4. Tag: Fastentage

Frühstück: Früchtetee, evtl. Abführtee (nur am ersten Tag).

Mittagessen: $^1/_4$ Liter Gemüsebrühe.

Nachmittags: $^1/_4$ Liter Karotten- oder Tomatensaft.

Abendessen: $^1/_4$ Liter Gemüsebrühe.

Trinken Sie dazu mindestens zwei Liter ungesüßten Tee oder Mineralwasser.

5. Tag: Aufbautag

Frühstück: Kräutertee, zwei getrocknete Pflaumen oder ein gedünsteter Apfel.

Mittagessen: $^1/_4$ Liter Gemüsesuppe.

Nachmittags: $^1/_4$ Liter Karotten- oder Tomatensaft.

Abendessen: $^1/_4$ Liter Gemüsesuppe oder Tomatensuppe, zusätzlich $^1/_4$ Liter Buttermilch.

Trinken Sie dazu mindestens zwei Liter ungesüßten Tee oder Mineralwasser.

6. Tag:

Frühstück: Müsli mit Obst ohne Zucker.

Mittagessen: Salate, mit Olivenöl und Essig angemacht, sowie Obst.

Abendessen: Gedünstetes Gemüse, gedünsteter Fisch oder Naturjoghurt.

Trinken Sie dazu mindestens zwei Liter ungesüßten Tee oder Mineralwasser.

Anhang 3:
Das Muskeldehnungsprogramm

Dehnungsübungen erhalten die Elastizität der Muskeln und schützen so vor Verletzungen im Alltag. Ab dem 20. Lebensjahr lässt die Elastizität unserer Bänder und Gelenke nach. Wir werden, wenn wir nichts dagegen tun, immer unbeweglicher. Je älter wir werden, desto mehr schränkt uns diese Unbeweglichkeit auch im Alltag ein. Mit einem entsprechenden Dehnungsprogramm lassen sich Elastizität und Beweglichkeit erhalten.
Wir haben für Sie einige wirkungsvolle und leicht durchführbare Übungen für die wichtigen Muskelgruppen zusammengestellt. Bitte beachten Sie beim Üben die nachfolgenden Grundsätze.

- Dehnen Sie Ihre Muskeln nur, wenn sie warm sind. Kalte Muskeln sind verletzungsanfällig.
- Gehen Sie beim Dehnen langsam und behutsam vor. Versuchen Sie nie, die Muskeln mit Gewalt zu dehnen.
- Halten Sie die Dehnung jeweils 30 Sekunden aufrecht.
- Führen Sie jede Übung zweimal durch.
- Atmen Sie während des Dehnungsvorgangs ruhig und gleichmäßig weiter. Das entspannt den Geist und auch die Muskeln.
- Machen Sie nach jeder Dehnungsübung eine Pause von circa einer Minute.
- Führen Sie die Übungen regelmäßig mehrmals wöchentlich durch, dann werden Sie schon bald erste Erfolge sehen.
- Haben Sie Geduld. Erfolge im Bereich der Beweglichkeit kommen nicht so schnell wie beim Konditionstraining.
- Der Fairness halber sei angemerkt, dass Frauen bei Beweglichkeitstests meist besser abschneiden als Männer, denn Östrogene, die weiblichen Geschlechtshormone, haben eine gewisse »Weichmacherfunktion« für Bänder und Sehnen. Männer brauchen etwas Geduld und sollten sich deshalb mehr Zeit für die einzelnen Übungen nehmen.

Muskeldehnungsprogramm – so geht's:

1. Dehnung von Schultermuskel, seitlichem Rückenmuskel und Muskel des hinteren Oberarms

Stellen Sie sich aufrecht hin. Legen Sie nun eine Hand in den Nacken. Mit der anderen Hand üben Sie dann einen sanften Druck auf den Ellenbogen aus. Der Ellenbogen sollte mit der Hand in Richtung des Zugarms gedehnt werden. Halten Sie die Spannung etwa 30 Sekunden. Wenn Sie die Übung richtig ausgeführt haben, verspüren Sie ein leichtes Ziehen am hinteren Oberarm sowie seitlich im Schulter- und Rückenbereich. Nun führen Sie die gleiche Übung mit dem anderen Arm durch.
Wiederholen Sie den gesamten Übungsablauf noch einmal.

2. Dehnung der Brustmuskeln

Stehen Sie aufrecht und strecken Sie beide Arme vor der Brust waagrecht vom Körper weg. Die Arme sollten parallel zum Boden ausgerichtet sein, achten Sie darauf, dass die Handflächen zum Boden weisen. Nehmen Sie nun beide Arme waagrecht zurück, bis sich die Ellenbogen hinter den Schultern befinden. Halten Sie diese Position etwa 30 Sekunden. Strecken Sie danach die Arme wieder langsam waagrecht aus und überkreuzen Sie die Handgelenke, sobald sich die ausgestreckten Arme wieder in der Ausgangsposition befinden.
Wiederholen Sie diese Übung noch einmal.

3. Dehnung der Handgelenke

Strecken Sie die Arme über den Kopf und legen Sie die Hände mit der Innenfläche zusammen. Führen Sie die zusammengelegten

Hände anschließend vor dem Körper langsam an Kopf und Brust vorbei, bis Sie an der Unterseite der Handgelenke und an den beiden Unterarmen einen leichten Dehnungszug verspüren. Halten Sie diese Position etwa 30 Sekunden.
Gehen Sie anschließend zur Ausgangsstellung zurück und wiederholen Sie die Übung.

4. Dehnung der Oberschenkel- und Gesäßmuskeln

Setzen Sie sich aufrecht auf einen Stuhl mit Rückenlehne. Legen Sie Ihren linken Fuß auf den Oberschenkel Ihres rechten Beins. Fassen Sie mit der rechten Hand das linke Fußgelenk und mit der anderen Hand das linke Knie an und heben Sie das Bein vorsichtig und langsam in Richtung Oberkörper, bis Sie eine leichte Spannung im Oberschenkel und im Gesäßmuskel spüren. Halten Sie diese Position etwa 30 Sekunden.
Wiederholen Sie dann diese Übung mit dem anderen Bein. Beginnen Sie danach noch einmal von vorne.

5. Dehnung der Oberschenkelmuskulatur

Stellen Sie sich mit dem Gesicht zur Wand und halten Sie die Füße auf Schulterbreite auseinander. Stützen Sie sich mit der linken Hand an der Wand ab, winkeln Sie das rechte Bein nach hinten an und ergreifen Sie mit der rechten Hand die Fußspitze des angewinkelten Beins. Ziehen Sie nun langsam und vorsichtig die Ferse zum Gesäß, bis Sie ein leichtes Ziehen im rechten Oberschenkel feststellen. Halten Sie diese Position etwa 30 Sekunden.
Wiederholen Sie dann diese Übung mit dem anderen Bein. Beginnen Sie danach noch einmal von vorne.

6. Dehnung der Wadenmuskeln

Stellen Sie sich hinter einen Stuhl mit Lehne und stützen Sie sich mit Ihren Händen auf der Lehne ab. Strecken Sie nun das rechte Bein so weit nach hinten, dass die Ferse noch den Boden berührt. Beugen Sie dann das linke Bein, bis ein Ziehen in den Waden entsteht. Halten Sie diese Position etwa 30 Sekunden.
Wiederholen Sie dann diese Übung mit dem anderen Bein. Beginnen Sie danach noch einmal von vorne.

Anhang 4:
Wichtige Anti-Aging-Adressen

Ausbildung zum Anti-Aging-Berater:

Medkom
Neißer Str. 13
36100 Petersberg
Tel./Fax 06 61/9 62 11 12
E-mail: office@med-kom.de

Aging and Tumorimmunology Group Uni Tübingen
Wilhelmstr. 7
72074 Tübingen

Arbeitskreis Ernährungs- und Vitamin-Information e. V. (evi)
Rembrandtstraße 13
60596 Frankfurt/M.
Tel. 0 69/61 90 11 · Fax 0 69/60 32 73 77

Deutsche Gesellschaft für ästhetische Chirurgie e. V.
Dahlerdyk 90a
47803 Krefeld
Tel./Fax 0 21 51/62 48 23

Förderkreis Immunschutz
Usinger Straße 1
61273 Wehrheim
www.immunschutz.de

Gesellschaft für Gehirntraining e. V.
Postfach 1420
85560 Ebersberg

Group of the Aging Male
(Dt. Gesellschaft für Urologie)
Uerdinger Str. 64
40474 Düsseldorf

Internetseiten zum Thema Anti-Aging

www.bleibjung.de
Größtes, unabhängiges deutschsprachiges Portal zu Anti-Aging- und Lifestyle-Themen, aktuelle News aus der Anti-Aging-Forschung.

www.worldhealth.net/index.shtml
Englischsprachiges Anti-Aging-Portal mit umfangreichen Informationen zu Anti-Aging und Neuentwicklungen auf den Gebieten Sportmedizin, Biotechnologie, Alternsforschung.

www.gsaam.de
Seite der GSAAM (German Society of Anti-Aging-Medicine). Hier werden auch regelmäßig aktuelle Termine von Fortbildungsveranstaltungen genannt.

www.worldhealth.net.resources./index.htm
Seite der »A4M«, der American Acadamy of Anti Aging Medicine, aktuelle Informationen und Übersichtsartikel zu Anti-Aging-Themen.

www.lef.org
Seite der »life extension foundation«. Umfangreiche englischsprachige Informationen zu Mikronährstoffen, Hormonen, Lebensstil.

www.novamex.de
Internetseite mit umfangreichen Informationen zu Mikronährstoffen (Vitamine, Mineralstoffe, Spurenelemente, Aminosäuren, Enzyme u. a.) und Ernährungsthemen.

Literatur

Ames, B. N.: »Endogenous DNA-Damage as Related to Nutrition and Aging«. In: Ingram, D. K., Baker, G. T., Shock, N. W. (Hrsg.): »The Potential for Nutritional Modulation of Aging Processes«. Trumbull CT: Food and Nutrition Press 1991

Anderson, J. W.: N. Engl. J. Med. 333: S. 276–282, 1995

Appleby, Paul N., et al.: »The Oxford Vegetarian Study: An Overview«. In: The American Journal of Clinical Nutrition Vol. 70 (3): S. 525–531, 1999

Axt, P., Axt-Gadermann, M.: »Vom Glück der Faulheit«. München 2001

–: »Bleib doch einfach jung«. München 2000

Axt, P., Axt-Gadermann, M., Buntfuss, S., Mangelkramer, G.: »Die Stufen-Diät«. München 1999

Axt, P., Fuchs, H.: »Die Wandlungskraft des positiven Denkens«. Fulda 1994

Bayer, W., Schmidt, K.: »Vitamine in Prävention und Therapie«. Stuttgart 1993

Biesalski, H. K., Schrezenmeir, J., Weber, P., Weiß, H.: »Vitamine, Physiologie, Pathophysiologie, Therapie«. Stuttgart 1997

Brody, J. E.: »New Respect for the Nap, a Pause that Refreshes«. In: New York Times, January 4, 2000

Carper, J.: »Wundermedizin Nahrung«. Düsseldorf, Wien, New York, Moskau 1996

–: »Stop aging now!«. New York 1995

Cerami, A.: »Hypothesis: Glucose as a Mediator of Aging«. In: Journal of the American Geriatric Society 33: S. 626–634, 1985

Chang, D. W., De Santi, L., Demling, R. H.: »Anticatabolic and Anabolic Strategies in Critical Illness: a Review of Current Treatment Modalities«. In: Shock 10: S. 155–160, 1998

Cheyney, K. E., Liu, R. K., Smith, G. S., Meredith, P. J., Mickey, M. R., Walford, R. L.: »The Effect of Dietary Restriction of Varying Duration on Survival, Tumor Patterns, Immune Function, and Body Temperature in B10C3F1 female Mice«. In: J Gerontol 38 (4): S. 420–430, 1983

Christiansen, K., Hars, O.: »Effects of Stress Anticipation and Stress Coping Strategies on Salivary Testosterone Levels«. In: J Psychophysiol 3: S. 264, 1995

Classen, M., Diehl, V., Kochsiek, K.: »Innere Medizin«. München 1998

Cooper, K. H.: »Antioxidantien – die neuen Gesundmacher«. München, Wien, Zürich 1995

Danner, D. D., Snowdon, D. A., Friesen, W.: »Positive Emotions in Early Life and Longevity: Findings from the Nun Study«. In: Journal of Personality and Social Psychology 80 (May): S. 804, 2001

Deutsche Gesellschaft für Ernährung (DGE, Hrsg.): »Empfehlungen für die Nährstoffzufuhr«. Umschau Verlag, Frankfurt, 5. Aufl. 1995

Dinges, D. F., Pack, F., Williams, K., et al.: »Cumulative Sleepiness, Mood Disturbance, and Psychomotor Vigilance Performance Decrements during a Week of Sleep Restricted to 4–5 hours per Night«. In: Sleep 2: S. 267–277, 1997

Effros, R. B., Walford, R. L., Weindruch, R., Mitcheltree, C.: »Influence oft Dietary Restriction on Immunity to Influenza in Aged Mice«. In: J Gerontol 46 (4): S. B142–7, 1991

Epstein, R., Chillag, N., Lavie, P.: »Starting Times of School: Effects on Daytime Functioning of Fifth-Grade Children in Israel«. In: Sleep 21 (3): S. 250–256, 1998

Fankhänel, S., Gassmann, B.: »Dietary Reference Intakes (DRI) der USA und Kanadas«. In: Ern Umschau 44: S. 422–424, 1997

Feskanich, D., Weber, P., Willett, W. C., et al.: »Vitamin K Intake and Hip Fractures in Women: a Prospective Study«. In: Am J Clin Nutr 69: S. 74–79, 1999

Findeisen, D. G. R.: »Sport, Psyche und Immunsystem«. Berlin 1994

Friess, E., Trachsel, L., Guldner, J., Schier, T., Steiger, A., Holsboer, F.: »DHEA Administration Increases Rapid Eye Movement Sleep and EEG Power in the Sigma Frequency Range«. In: Am J Physiol 268 (Endocrinol Metab 31): S. E107–E113, 1995

Grasl-Kraupp, W., Bursch, B., Ruttkay-Nedecky, A., Wagner, B., Lauer, R., Schulte-Hermann.: »Food Restriction Eliminates Preneoplastic Cells through Apoptosis and Antagonizes Carcinogenesis in Rat Liver«. In: Proc Natl Acad Sci USA 91: S. 9995–9999, 1994

Haddad, E. H., et al.: »Dietary Intake und Biochemical, Hematologic, and Immune Status of Vegans Compared with Nonvegetarians«. In: The American Journal of Clinical Nutrition Vol. 70, 3: S. 586–593, 1999

Harley, C. B., Futcher, A. B., Greider, C. W.: »Telomeres Shorten During Aging of Human Fibroblasts«. In: Nature 345: S. 458–460, 1990

Harmann, D.: »Aging: Phenomena and Theories«. In: Ann NY Acad Sci 854: S. 1–7, 1998

–: »The Free Radical Theory of Aging«. In: Warner, H. R., et al. (Hrsg.): »Modern Biological Theories of Aging«. New York, Raven 1987

Haruo, O., et al.: »American Heart Journal«. S. 751–758, 2001

Hayflick, L., Moorhead, P. S.: »The Serial Cultivation of Human Diploid Cell Strains«. In: Experimental Cell Research 25: S. 585–621, 1961

Heaney, R. P.: »Bone Mass, Nutrition, and other Lifestyle Factors«. In: Am J Med 95: S. 29–33, 1993

Hembd, C.: »Vitalstofftabelle«. München 1999

Heseker, H., Adolf, T., Eberhardt, W., et al.: »Lebensmittel- und Nährstoffaufnahme Erwachsener in der Bundesrepublik Deutschland«. In: Kübler, W., et al. (Hrsg.): VERA-Schriftenreihe, Band III, Wissenschaftl. Fachverlag Dr. Fleck, Niederkleen 1994

Hille, L.: »Siesta Science«. In: http://www.salon.com/health/feature/2000/09/18/napping/index.html., July 15, 2001

Hodel, L., Grob, P. J.: Abteilung f. klinische Immunologie, Universitätsspital Zürich: Schweizerische Medizinische Wochenschrift, 123. Jhg., Nr. 49: S. 2323–2341, 1993

Hofmann, I., Prinzinger, R.: »Das Geheimnis der Lebensenergie«. Frankfurt/Main 1997

Holms, T. H., Rahe, R. H.: »The Social Readjustment Rating Scale«. In: Journal of Psychosomatic Research 11: S. 213–218, 1967

Holms, T. H., Masuda, M.: »Life Change and Illness Susceptibility«. Vorgestellt auf dem »Symposium on Seperation and Depression«: Clinical and Research Aspects, Chicago 1970

Huber, J., Worm, A.: »Länger Leben, später altern«. Wien, München, Bern 1998

Ingram, D. K., Weindruch, R., Spangler, E. L., Freeman, J. R., Walford, R. L.: »Dietary Restriction Benefits Learning and Motor Performance of Aged Mice«. In: J Gerontol 42 (1): S. 78–81, 1987

Jacoby, D. B.: »Physical Activity and Longevity of College Alumni« (letter). In: New England Journal of Medicine 315 (6): S. 399, 1986

JAMA: Vol. 285, No. 11 (2001)

Jewett, M. E., Dijk, D.-J., Kronauer, R. E., and Dinges, D. F.: »Dose-response Relationship Between Sleep Duration and Human Psychomotor Vigilance and Subjective Alertness«. In: Sleep 22: S. 171–179, 1999.

Karni, A., Tanne, D., Rubenstein, B. S., Askenasy, J. J. M., Sagi, D.: »Dependence on REM Sleep of Overnight Improvement of a Perceptual Skill«. In: Science 265: S. 679–682, 1994

Karni, A., Sagi, D.: »The Time Course of Learning a Visual Skill«. In: Nature 365: S. 250–252, 1993

Kasper, H.: »Ernährungsmedizin und Diätetik«. München, Jena 2000

Katzenberg, D., Young, T., Finn, L., et al.: »A Clock Polymorphism Associated with Human Diurnal Preference«. In: Sleep 21: S. 569–576, 1998

Key, T. J., et al.: »Mortality in Vegetarians and Nonvegetarians: Detailed Findings from a Collaborative Analysis of 5 Prospective Studies«. In: American Journal of Clinical Nutrition 70 (3): S. 516–524, September 1999

Koller, A.: »Unsichtbare Herzschäden durch Extremsport«. In: Österreichische Apothekerzeitung, in: http://www.oeaz.at/3aktuell/2001/15/info/info15_2001tiro.html

Liesen, H., Baum, M.: »Sport und Immunsystem«. Stuttgart 1997

Martin, G. R., Baker, G. T.: »Aging and The Aged: Theories of Aging and Life Extension«. In: Encyclopedia of Bioethics, New York: MacMillan 1993

Martin, G. R., Danner, D. B., Holbrook, N. J.: »Aging Causes and Defenses«. In: Annual Review of Medicine 44, 1993

Meermann, H.: »Ältere Marathonläufer leben unter Stress«. MPG-Spiegel, Januar 1992

–: »Gedächtnisstörungen bei älteren Marathonläufern«. MPG-Spiegel, April 1995

Medical Tribune-Online, D 09. 05. 2000, Internistenkongress 2000, Poster P-162

–: D 14. 09. 2000 uh NEJM 2000, Vol. 343, S. 682–688

–: D 19. 10. 2001 (R. F. J. Sex Marital Ther 2001, Vol. 27, S. 513–519 u. Biological Psychology 2001, Vol. 58, S. 41–47)

Morris, J. N., Heady, J. A., Raffle, P. A., et al.: »Coronary Heart Disease an Physical Activity of Work«. In: Lancet 2: S. 1053–1057, 1953

Nagata, C., Takatsuka, N., Kuriso, Y., Shimizu, H.: »Decreased Serum Total Cholesterol Concentration in Association with High Intake of Soy Products in Japanese Men and Women«. In: Journal of Nutrition 128: S. 209–213, 1998

Neal, J. S.: In: www.life.ca/nl/75/stress.html, 2002

Paffenbarger, R. S., Wing, A. L., Hyde, R. T.: »Physical Activity as an Index of Heart Attack Risk in College Alumni«. In: American Journal of Epidemiology 108: S. 161–175, 1978

–: »Physical Activity and Incidence of Cancer in diverse Populations: A preliminary report«. In: American Journal of Clinical Nutrition 45: S. 312–317, 1987

Paffenbarger, R. S., Wing, A. L., Hyde, R. T., Hsieh, C.: »Physical Activity, Allcause Mortality, and Longevity of College Alumni«. In: New England Journal of Medicine 314: S. 605–613, 1986

Pfannenstiel, P., Hotze, L. A., Saller, B.: »Schilddrüsen-Krankheiten, Diagnose und Therapien«. Berlin 1999

Pflugbeil, K., Niestroj, I.: »Vital plus, das große Programm der orthomolekularen Medizin«. München 1999

Polednak, A. P.: »College Athletics, Body Size and Cancer Mortality«. In: Cancer 38: S. 382–387, 1976

Prinzinger, R.: »Das Geheimnis des Alterns«. Frankfurt/Main 1996

Rabe, T., Strowitzki, T. (Hrsg.): »Lifestyle & Anti-Aging-Medizin«. Baden-Baden 2001

Redelmeier, D. A., Singh, S. M.: »Survival in Academy Awardwinning Actors and Actresses«. In: Annals of Internal Medicine 134 (May 15): S. 955, 2001

Regelson, W., Colman, C.: »The Superhormone Promise«. New York 1996

Richter, C.: »Sauerstoff: Eine Frage von Leben und Tod«. In: Bulletin, Magazin der ETH Zürich, Nr. 264, Januar 1997

–: »Sauerstoff: Eine Frage von Leben und Tod«. In: Unimagazin, Zeitschrift der Universität Zürich, Nr. 4, Dez. 1996

Ringe, J. D.: »Behandlung der postmenopausalen Osteoporose: Qual der Wahl? Teil 1: Grundlagen für ein individuell adaptiertes Therapiekonzept«. In: Münch Med Wschr 139: S. 303–306, 1997

Rossi, E. L.: »20 Minuten Pause«, Paderborn 1997

Roush, W.: »Worm Longevity Gene Clones«. In: Science 277: S. 897–898, 1997

Rubinstein, H.: »Lachen macht gesund, über die Heilkraft von Lachen und Fröhlichkeit«. Landsberg am Lech 1987

Sei: »Arteriosklerose durch Stress und Depressionen«. In: Die Welt, 29. 4. 2000

Shealy, C. N.: »DHEA – The Youth and Health Hormone«. In: Keats Publishing, Inc., New Canaan, Connecticut 1996

Stadtman, E. R.: »Protein Oxidation and Aging«. In: Science 257: S. 1220–1224, 1992

Stamford, B. A., Shimer, P.: »Fitness without Exercise«. New York 1990

Strozniak, P.: »Napping as Management Philosophy«. In: Industry Week, Mai 1999

Swedo, S., Leonard, H.: »Alles nur psychisch?«. Frankfurt, New York 1998

Trock, B., Butler, L. W., Clarke, R., Hilakivi-Clarke, L.: »Meta-Analysis of Soy Intake and Breast Cancer Risk«. In: Third International Symposium on the Role of Soy in Preventing and Treating Chronic Disease. Abstracts, S. 40, Washington 1999

Tschop, M., Behre, H. M., Nieschlag, E., et al.: »A Timeresolved Fluorescence Immunoassay for the Measurement of Testosterone in Saliva: Monitoring of Testosterone Replacement Therapy with Testosterone Buciclate«. In: Clin Chem Lab Med 1998

Turner, B. C., et al: »The Effect of Evening Alcohol Consumption on Next-Morning Glucose Control in Type 1 Diabetes«. In: Diabetes Care 24: S. 188–893, 2001

Uusitalo, A. L., Huttunen, P., Hanin, Y., et al.: »Hormonal Responses to Endurance Training and Overtraining in Female Athletes«. In: Clin J Sport Med 8: S. 178–186, 1998

Van Cauter, E., Plat, L., Leproult, R., et al.: »Alterations of Circadian Rhythmicity and Sleep in Aging: Endocrine Consequences«. In: Hormone Research 49: S. 147–152, 1998.

Vines, G.: »Sweet but Deadly«. In: New Scientist, S. 26–30, 1. 9. 2001

Walford, R. L.: »Leben über 100«. München 1983

Walford, R. L., Spindler, S. R.: »The Response to Caloric Restriction in Mammals Shows Features also Common to Hibernation: Across-adaptation Hypothesis«. In: J Gerontology 52A:B: S. 179–183, 1997

Walford, R.: »Maximum Life Span«. New York: Simon and Schuster 1983

Warner, H. R., Kim, S. K.: »Dietary Factors Modulating the Rate of Aging«. In: Goldberg, I. (Hrsg.): »Functional Foods«. New York 1993

Weber, C.: »Gute Nacht auf Rezept«. In: Focus 49: S. 202–214, 2000

Weber, P.: »The Role of Vitamins in the Prevention of Osteoporosis – A Brief Status Report«. In: Int J Vitam Nutr Res 69: S. 194–197, 1999

Weindruch, R.: »Caloric Restriction and Aging«. In: Scientific American 274: S. 46–52, 1996

Weindruch, R., Walford, R. L.: »The Retardation of Aging and Disease by Dietary Restriction«. Springfield 1988

Wilson, P.: »Wege zur Ruhe«. Reinbek 1996

–: »Das Buch der Ruhe«. München 1998

Young, T., Bluestein, J., Finn, L., et al.: »Sleep-disordered Breathing and Motor Vehicle Accidents in a Population-based Sample of Employed Adults«. In: Sleep 20: S. 608–613, 1997

Register

Abwehrkräfte 35ff., 51, 59, 96, 105f., 137, 147
Alkohol 5, 139, 148
Alternstheorien 23, 25, 28, 40, 45, 84
Altersbeschwerden 17
Alterungsvorgang 23, 26, 28, 53, 63, 120, 125
Anti-Aging 15
Anti-Aging-Basisbedarf 112
Anti-Aging-Hormon 38, 119, 143
Anti-Aging-Lebensstil 11f.
Anti-Aging-Medizin 11
Aromatologie 73

Beweglichkeit 151, 158, 160, 173
Bewegung 41, 45, 50
Body-Mass-Index 88, 149, 167, 169f.

Cushing-Syndrom 59

DHEA 36, 58, 119, 145

Ehrgeiz, sportlicher 48
Energieverbrauch 27f.
Entspannung 52, 57, 63, 66, 68, 70f., 74, 79
Ernährung 83

Fasten 81, 89ff.
Fitness 11f., 89, 153
Freunde 67, 78

Gebrechen 16f.
Gedächtnis 77, 128, 133, 137, 151, 157
Gesundheit 12, 16, 43, 81, 101, 105, 128
Gleichgewichtssinn 151, 161
Glykosilierungstheorie 29, 34, 45

Haut 154f.
Herz-Kreislauf-System 52, 111, 122, 134, 163f.
Hormone 38, 58, 61, 78, 92, 117, 119ff., 128f., 133, 137f., 140f., 148
Hormonspiegel 63, 117, 119, 121, 128f., 132, 136, 139, 155
Hormonsystem 71, 73, 119, 148
Hormontheorie 37

Immunsystem 35, 37, 48, 51, 58, 60, 76, 108, 110, 120, 128, 133f., 142, 144f.
Immuntheorie 29, 35

Kalorienreduktion 41
Körpergewicht 40, 88
Krankheit 16, 28, 90, 112

Langlebigkeit 12, 41, 84, 88, 101, 105, 167
Langlebigkeits-Bewegung 53
Langlebigkeits-Entspannung 78
Langlebigkeits-Ernährung 85, 113

Langlebigkeits-Hormone 148
Lebenseinstellung, positive 40
Lebensenergietheorie 26ff.
Lebenserwartung 18
Leistungsfähigkeit 101, 128, 133, 143ff., 158f., 164
Lungenfunktion 156

Melatonin 38, 119, 140ff., 146
Mikronährstoffe 86, 104f., 112
Mittagsschlaf 75
Musik 71

Nikotin 40, 148

Optimismus 41, 64

Pflanzenstoffe, sekundäre 39, 81, 95f., 95ff.
Phytohormone 121, 125ff., 148, 155

Radikale, freie 29ff., 33, 3, 50, 53, 88, 94, 96, 107f. 110, 112
Radikalentheorie 11, 29, 33
Reaktionsfähigkeit 151, 162f.
Ruhe 69f., 79

Schlaf 41, 75, 77f., 138, 141, 159
Schlafmangel 27, 36f., 39, 76, 94
Sport 31, 35, 37, 39f., 43, 45f., 48, 51, 53, 94, 104, 132, 138
Stress 27, 31, 35ff., 39, 41, 53f., 57, 60ff., 65, 68f., 73ff., 90, 94, 104, 112, 128, 135, 142, 148, 164
Stresshormone 28, 31, 35, 46ff., 58f., 75, 120, 132, 135

Telomertheorie 11, 29, 32

Vegetarier 93f.
Verschleißtheorie 11

Wachstumshormon 38, 88f., 102, 104, 114, 119, 137ff., 147f.